《吉林省安全生产条例》(2005)
立法后评估报告

关　鑫　唐　萌　周隆基　著

人民日报出版社

图书在版编目（CIP）数据

《吉林省安全生产条例》（2005）立法后评估报告 /
关鑫，唐萌，周隆基著 .—北京：人民日报出版社，
2019.6
ISBN 978-7-5115-5911-1

Ⅰ.①吉…　Ⅱ.①关…　②唐…　③周…　Ⅲ.①安全生
产—生产管理—条例—研究报告—吉林 Ⅳ.
① D927.340.254.4

中国版本图书馆 CIP 数据核字（2019）第 058691 号

书　　　名：	《吉林省安全生产条例》（2005）立法后评估报告
作　　　者：	关　鑫　唐　萌　周隆基

出 版 人：	董　伟
责任编辑：	刘　悦
封面设计：	人文在线

出版发行：	人民日报出版社
社　　址：	北京金台西路 2 号
邮政编码：	100733
发行热线：	（010）65369509　65369527　65369846　65363528
邮购热线：	（010）65369530　65363527
编辑热线：	（010）65369511
网　　址：	www.peopledailypress.com
经　　销：	新华书店
印　　刷：	廊坊市海涛印刷有限公司

开　　本：	710mm×1000mm　1/16
字　　数：	166 千字
印　　张：	12.75
印　　次：	2019 年 6 月第 1 版　　2019 年 6 月第 1 次印刷

书　　号：	ISBN 978-7-5115-5911-1
定　　价：	52.00 元

目　录

1.《吉林省安全生产条例》立法质量评估

1.1 立法质量总体评估

第一，立法依据的发展脉络分析。

《吉林省安全生产条例》于 2005 年 3 月 31 日吉林省第十届人民代表大会常务委员会第十九次会议通过，自 2005 年 6 月 1 日起施行。

在此之前，规范安全生产工作的主要法律依据，是 2002 年 6 月 29 日第九届全国人大常委会第二十八次会议通过的《中华人民共和国安全生产法》（以下简称《安全生产法》，已修改）和国务院有关安全生产方面的行政法规、部门规章，如《安全生产许可证条例》（2004 年 1 月 7 日国务院第 34 次常务会议通过，2004 年 1 月 13 日国务院令第 397 号公布，自公布之日起施行；根据 2013 年 5 月 31 日国务院第 10 次常务会议通过，2013 年 7 月 18 日国务院令第 638 号公布，自公布之日起施行的《国务院关于废止和修改部分行政法规的决定》第一次修正；根据 2014 年 7 月 9 日国务院第 54 次常务会议通过，2014 年

7月29日国务院令第653号公布，自公布之日起施行的《国务院关于修改部分行政法规的决定》第二次修正）、《安全生产培训管理办法》（2004年12月28日，国家安全生产监督管理局（国家煤矿安全监察局）局务会议审议通过，自2005年2月1日起施行，已失效；现行有效的是2012年1月19日国家安全监管总局令第44号公布，根据2013年8月29日国家安全监管总局令第63号第一次修正，根据2015年5月29日国家安全监管总局令第80号第二次修正的《安全生产培训管理办法》）等。

《安全生产法》在2009年进行了第一次修改，依据是《全国人民代表大会常务委员会关于修改部分法律的决定》，由全国人大常委会在2009年8月27日第十一届全国人民代表大会常务委员会第十次会议通过，中华人民共和国主席令第十八号公布。将第94条中引用的"治安管理处罚条例"修改为"治安管理处罚法"，仅仅变动了一个引用法的名称。2014年8月31日，全国人大常委会通过了《关于修改〈中华人民共和国安全生产法〉的决定》，对《安全生产法》进行了较大的变动，粗略统计共52处，在第一章总则中就修改了多处，除了第三章关于从业人员安全生产的权利义务一章变化不大之外，其他各章都做出了重大修改，尤其是第五章（安全事故应急措施救援与调查处理）和第六章（法律责任），这表明《安全生产法》的立法背景已经发生了较大的改变。《安全生产法》在其实施的12年中，对预防和减少安全生产事故，保障人民群众生命财产安全发挥了重要作用；但由于我国正处于工业化快速发展阶段，安全生产基础仍然比较薄弱，部分安全生产问题仍然很突出，安全生产的各方面工作仍须进一步加强。

第二，对《吉林省安全生产条例》的整体评价。

《吉林省安全生产条例》共六章，53条，于2005年3月31日通过，2005年6月1日开始施行。

从《吉林省安全生产条例》的立法和修改情况来看，虽然《吉林省安全生产条例》是依据《安全生产法》制定的，但《安全生产法》已经在 2009 年和 2014 年进行了修改，尤其是 2014 年的修改，对《安全生产法》进行了较大的变动，而《吉林省安全生产条例》至今仍未做任何修改与变动。

从《安全生产法》的修改背景与内容来看，《安全生产法》在总结经验教训的基础上，以预防和减少安全事故，落实安全生产经营单位责任，强化政府监管，严格追究责任的思路对其内容进行较大的修改，主要包括强化和落实生产经营单位的安全生产主体责任；完善监管措施，增强监管的执行力；强化法律责任、加大对违法行为的惩处力度；根据行政审批制度改革的精神，对相关行政审批项目做出调整等。

从《吉林省安全生产条例》的内容来看，立法目的（第一条）、适用范围（第二条）、工作方针（第三条）、政府监管职责的分工（第六条、第七条、第八条）、安全生产保障的管理机构与管理人员的配备（第十三条）、隐患排查方式与监督（第二十九条）、事故报告制度（第四十条）、事故调查制度（第四十三条）、出具虚假证明的罚款数额（第四十九条）、主要负责人的责任（第五十条）等，都与《安全生产法》的规定有较大的不同，《安全生产法》的效力位阶高于《吉林省安全生产条例》，《吉林省安全生产条例》与《安全生产法》的规定不一致时，应当按照《安全生产法》执行。《吉林省安全生产条例》已经不符合当前的安全生产制度与环境，在实践中发挥的作用有限。

从其他省市安全生产条例立法情况来看，自《安全生产法》施行之后，各省市陆续制定了自己的安全生产条例，如《上海市安全生产条例》（2005 年 1 月 6 日通过，3 月 1 日起施行；2011 年 9 月 22 日修订，2012 年 1 月 1 日起施行；2016 年 2 月 23 日修正）、《北京市安全生产条例》（2004 年 7 月 29 日通过，9 月 1 日起施行；2011 年 5 月

27 日修订，9 月 1 日起施行）、《浙江省安全生产条例》（2006 年 7 月 28 日通过，11 月 1 日起实施；2016 年 7 月 29 日修订，8 月 1 日起施行）、《江苏省安全生产条例》（2016 年 7 月 29 日通过，10 月 1 日起施行）、《甘肃省安全生产条例》（2006 年 3 月 29 日通过，已失效；2016 年 5 月 21 日修订通过，自 7 月 1 日起施行）、《山西省安全生产条例》（2007 年 12 月 20 日通过，2008 年 1 月 1 日起实施；2016 年 1 月 20 日修正）、《重庆市安全生产条例》（2015 年 11 月 26 日通过，2016 年 3 月 1 日起施行）、《宁夏回族自治区安全生产条例》（2006 年 9 月 27 日通过，11 月 1 日起施行；2015 年 11 月 26 日修订，2016 年 1 月 1 日起实施）、《黑龙江省安全生产条例》（2014 年 12 月 17 日通过，2015 年 4 月 1 日实施；2006 年 8 月 19 日通过、自 2006 年 10 月 1 日起施行的《黑龙江省安全生产条例》已失效）等省级地方性法规；以及《本溪市安全生产条例》（2005 年 10 月 10 日通过，11 月 25 日批准，2006 年 1 月 1 日起实施；2015 年 7 月 30 日修正）、《长春市安全生产条例》（2005 年 8 月 25 日通过，11 月 24 日批准，自 2006 年 1 月 1 日起施行）、《珠海市安全生产条例》（2007 年 9 月 10 日通过，11 月 30 日批准，2008 年 3 月 1 日起实施）等市级地方性法规。

综上，《吉林省安全生产条例》在一定时期内对于加强我省安全生产监督管理，防止和减少生产安全事故，保障人民群众生命和财产安全，促进经济发展起到了积极的作用。目前，《吉林省安全生产条例》与修改后的《安全生产法》不尽一致，也和全省经济社会发展的现状以及安全生产工作的内在需求不相适应。建议在全面评估《吉林省安全生产条例》基础上对其予以修订。

1.2　立法质量具体评估

在立法质量评估部分，项目组针对《吉林省安全生产条例》立法形式的评估，主要是从法条的规定出发，分别从立法主体、立法程序、立法体例、立法技术四个方面展开，集中探讨《吉林省安全生产条例》规范本身的合法性与合理性。

1.2.1　立法主体合法性评估

立法主体是各种立法活动参与者的总称，是立法权的直接行使者。立法活动过程中的每一个步骤，都依赖一定立法主体行使相应的立法权才能得以实现。立法主体的表现形式极为复杂，政权机关或者其他社会组织、团体根据宪法和法律规定或授权都有权制定规范性文件。《吉林省安全生产条例》是吉林省人大常委会制定的，属于立法机关制定的规范性文件。

1.2.1.1　立法主体权力来源合法

《吉林省安全生产条例》属于地方性法规，是法的正式渊源的一种，地方性法规由省、自治区、直辖市，以及设区的市的人大及其常委会制定，这在《中华人民共和国宪法》《中华人民共和国地方各级人民代表大会和地方各级人民政府组织法》以及《中华人民共和国立法法》都有明确的规定。

《宪法》第一百条规定，省、直辖市的人民代表大会和它们的常务委员会，在不同宪法、法律、行政法规相抵触的前提下，可以制定地方性法规，报全国人民代表大会常务委员会备案。《吉林省安全生产条例》的制定是吉林省人大常委会按照立法程序，在经过充分讨论之后制定出来的，因此完全符合宪法规定。

现行《立法法》第六十三条规定：省、自治区、直辖市的人民代表大会及其常务委员会根据本行政区域的具体情况和实际需要，在不同宪法、法律、行政法规相抵触的前提下，可以制定地方性法规。本条例由吉林省人大常委会制定，在内容上结合吉林省安全生产工作的特征。因此，《吉林省安全生产条例》符合《立法法》规定。

1.2.1.2   立法主体权限范围合法

立法权是由特定国家机关行使的，在国家权力体系中占据特殊地位的，制定、认可和变动法的综合性权力。我国《立法法》第六十四条将法规的性质分成三种：一是为执行法律、行政法规的规定，需要根据本行政区域的实际情况做具体规定的事项；二是属于地方性事务要制定地方性法规的事项；三是其他事项国家尚未制定法律或者行政法规的，省、自治区、直辖市和设区的市根据本地区的具体情况和实际需要，可以先行制定地方性法规。《吉林省安全生产条例》属于第二种，即自主性立法事项，是为了本省安全生产监督管理而立。因此在立法权限方面《吉林省安全生产条例》也完全符合规定。

综上，《吉林省安全生产条例》的立法主体是吉林省人大常委会，由其根据《宪法》《立法法》等法律规定行使法定立法权，且《吉林省安全生产条例》在内容上属于该主体可以制定地方性法规的事项，所以《吉林省安全生产条例》的立法主体合法。

1.2.2　立法程序合法性评估

立法程序是指有权立法机关在制定、变更规范性法律文件的活动中，必须遵循的法定步骤和方法。

在我国，立法程序合法性评估最重要的法律依据是《立法法》。

《立法法》第六十八条规定：地方性法规案、自治条例和单行条例案的提出、审议和表决程序，根据《中华人民共和国地方各级人民代表大会和地方各级人民政府组织法》，参照本法第二章第二节、第三节、第五节的规定，由本级人民代表大会规定。

《立法法》第六十九条规定：省、自治区、直辖市的人民代表大会常务委员会制定的地方性法规由常务委员会发布公告予以公布。

《立法法》第七十条规定：地方性法规、自治区的自治条例和单行条例公布后，及时在本级人民代表大会常务委员会公报和在本行政区域范围内发行的报纸上刊登。在常务委员会公报上刊登的地方性法规、自治条例和单行条例文本为标准文本。

《立法法》第八十九条规定：省、自治区、直辖市的人民代表大会及其常务委员会制定的地方性法规，报全国人民代表大会常务委员会和国务院备案。

根据《立法法》的规定，吉林省人大常委会制定《吉林省安全生产条例》由其法律工作委员会向人大常委会会议提出地方性法规案；常务委员会两次审议地方性法规案，常务委员会会议第一次审议地方性法规案，在全体会议上听取了提案人的说明，常务委员会第二次审议地方性法规案，在全体会议上听取法制委员会关于法规草案修改情况的汇报或者审议结果的报告，由全体会议对法规草案修改稿进行审议；常务委员会会议审议地方性法规案时，提案人派人听取意见，回答询问，省人大专门委员会和常务委员会的有关工作机构召开座谈会、论证会，地方性法规案经常务委员会两次会议审议后，各方面意见比较一致，交付表决；常务委员会通过的地方性法规由常务委员会发布公告，予以公布，并报全国人民代表大会常务委员会和国务院备案。

结合上述法律，项目组从法律草案的提出、审议、表决、公布、备案五个方面进行评估，综合对《吉林省安全生产条例》立法过程的考察，可以看出，《吉林省安全生产条例》在提出、审议、表决、公布、备案五个方面皆严格遵守了《立法法》中的程序性规定，立法程序合法。

1.2.3　立法体例合理性评估

立法体例是指法的形式构造，主要包括法律内容安排和条文的设置。目的是从形式上对法律内容进行简化和条理化。立法体例属于立法形式，对立法体例的选择，不仅体现了立法者对立法理念、立法内容的理性把握，而且还体现了立法者对立法之社会、政治、经济功能的理性预期。对立法体例的评估也必须紧紧围绕这一内涵进行。

首先，《吉林省安全生产条例》在宏观体例上的设置非常合理。作为一部地方性法规，《吉林省安全生产条例》分为六章五十三条，每章都有特定名称，分别是总则、生产经营单位的安全生产保障、安全生产监督管理、生产安全事故的应急救援与调查处理、法律责任、附则。这种体例，使得主体突出，权责分明，结构清晰。

其次，《吉林省安全生产条例》在逻辑结构上安排较为合理。《吉林省安全生产条例》在总则第一条中写明了立法目的和依据，第二条规定了条例的调整对象，第三条规定了安全生产的工作方针，第四条规定了生产经营单位的安全生产责任制，第五、六、七、八条规定了安全生产监督管理职责的分工，第九条规定了保障安全生产监督管理经费开支,第十条规定了工会在安全生产中的作用,第十一条规定了安全生产宣传教育工作,第十二条规定了给予奖励制度。《吉林省安全生产条例》的第二章规定了生产经营单位安全生产保障,具体规定了生产经营单位的安全人员配置、保障安全生产的资金投入、安全生产教育培训、提供劳动防护用品、参加工伤社会保险、生产经营作业场所安全、建设项目安全、排查事故隐患制度等。《吉林省安全生产条例》第三章是安全生产监督管理,是安全生产监督管理部门执法活动采取的措施,包括建立安全生产目标责任制、建立健全重大危险源备案制度、事故隐患排除制度等。《吉林省安全生产条例》第四章规定了生产安全事故的应急救援与调查处理,具体包括人民政府应当组织有关部门制定本行政区域内重大、特大生产安全事故应急救援预案,建立应急救援体系。生产经营单位应当制定生产安全事故应急救援预案、安全生产事故及时上报制度、安全生产事故救援制度、县级以上人民政府组织安全生产监督管理部门及其他有关部门,按照国家有关规定对事故进行调查处理,做出事故处理和责任追究。《吉林省安全生产条例》第五章规定了法律责任,包括未能提供防护用品的;生产、经营、储存、使用危险物品单位的生产区域、生活区域、储存区域未按照规定保持安全距离的;生产经营单位对重大、特大事故隐患未按规定期限完成整改的;发生事故的生产经营单位故意伪造、破坏事故现场或者毁灭证据的;人民政府和有关部门的负责人对发生重大、特大生产安全事故造成重大损失或者恶劣影响负有全面领导责任、直接领导责任的;不及时协调解决因外部原因给生产经营单位造成事故隐患或者其他不安全因素的;未能有效组织救援致使生产安全事故损害扩大的;对生产安全事故隐瞒不报、谎报或者拖延不报的;对检查、验收不坚持标准,出具虚假材料的;要求被检查、验收的单位购买其指定的安全设备、器材或者其他产品的;阻挠、干涉生产安全事故调查处理或者责任追究的;其他玩忽职守、滥用职权、徇私舞弊行为。最后一章是附则，指出条例的生效时间。

《吉林省安全生产条例》第二章到第五章是具体规则的规定。法律规则是法律正文的主体，是法适用的基本依据，一般包括适用条件、行为模式与法律后果。《吉林省安全生产条例》的第二章到第四章规定了适用条件和行为模式，第五章规定了法律后果。行为模式以授权性规则、义务性规则相结合的方式进行表述。通过分析可以发现，在授权性规则与义务性规则模式中，义务性规则占了绝大部分，这使《吉林省安全生产条例》更加明确安全生产过程中无论是安全生产监督管理部门还是生产经营单位都主要履行的是应为性义务规则和禁止性义务规则，这有利于对其行为进行规范和引导，以实现立法目的，因此，综合来看，《吉林省安全生产条例》是一部以义务为主的法律规范。

1.2.4　立法技术合理性评估

立法技术的合理性评估主要是从立法名称和立法语言两个层面展开。

1.2.4.1　立法名称

法的名称是人们直观认知的法的外部称谓。规范化的法的名称一般应具有一些基本要素，以便能够反映其适用范围、调整对象和内容、效力等级。法的名称的拟定也是立法技术的重要表现。我国立法中对法的名称的使用尚不统一，也没有特定的法律对其进行统一规范，这一问题，在我国行政法规、地方性法规和规章中表现尤为明显。"吉林省安全生产条例"中"吉林省"表明了本条例的适用范围；"安全生产"体现了其适用对象和内容；"条例"一词的使用并没有法律的明确规定，但在我国的立法实践中，通常默认只有行政法规和地方性法规才可以被称为"条例"。所以，《吉林省安全生产条例》在名称使用上加上"吉林省"的限定，就可以辨别其地方性法规的效力位阶。所以，项目组认为，《吉林省安全生产条例》的名称是科学合理的。

1.2.4.2　立法语言

立法的语言表达一般包括三个方面，即：立法词语的运用技术、条文语句组织技术、标点符号的使用。立法词语应准确、简洁、清楚、通俗、严谨和规范。

就《吉林省安全生产条例》而言，其立法目的是"为了加强安全生产监督管理，防止和减少生产安全事故，保障人民群众生命和财产安全，促进经济发展"，调整对象具有特定性，用词必须符合安全生产领域的规范和习惯。

1.2.4.2.1　立法词语运用技术

总体上，《吉林省安全生产条例》的立法语言文字严密周详，没有出现明显的矛盾和漏洞。语言没有修饰性词汇和很难理解的词汇，也没有出现方言土语。法条所使用的词语能清楚表明法的作用和目的，能够为人们所理解和掌握，让守法者能对法律的理解形成共识，一般不会产生分歧。

对于相同的概念，原则上《吉林省安全生产条例》都采取了相同的词语表达，且与上位法中的词汇保持一致，具有统一明确的内涵。《吉林省安全生产条例》在表达上能够使用最少的语言文字正确表达出尽可能多的内容，符合语言使用规范。

　　但是，个别地方存在着用语模糊、表达不清的问题：

　　例如，《吉林省安全生产条例》中多个条文使用了"及时"一词，第六条："各级人民政府应当加强对安全生产工作的领导，支持、督促各有关部门依法履行安全生产监督管理职责，及时协调、解决安全生产监督管理中存在的重大问题。"第二十三条："对有多个承包或者承租单位的，发包方或者出租方应当统一协调管理，发现承包方或者承租方有安全生产违法行为的，应当及时劝阻并向所在地的安全生产监督管理部门和有关部门报告。"第二十九条："生产经营单位对限期整改的重大、特大事故隐患，必须按规定期限完成治理，并及时向有关部门和安全生产监督管理部门报告并接受其检查。"第三十条："县级以上人民政府应当组织有关部门对本行政区域内的安全生产情况进行定期和不定期检查，对发现的问题应当及时处理。"第三十一条："县级以上人民政府安全生产监督管理部门发现其他有关部门未依法履行安全生产监督管理职责的，应当督促其及时改进，依照有关规定进行处理。"第三十九条："安全生产监督管理部门和其他有关部门接到事故报告后，应当依照有关规定及时上报。"整个条例使用"及时"一词共九处，但何为"及时"，作为地方性法规确实应该就这些词汇进行详细解读以便具体适用。

1.2.4.2.2　条文语句组织技术

　　立法语言是法律语言的书面表现形式之一，而且其最终以法条的形式呈现出来，所以法条语句的组织也是立法语言技术的重要内容。法条语句应当具有准确性、包容性、逻辑性。就《吉林省安全生产条例》而言，总体上，条文表述还是比较清晰的，做到了表达明确。条文在组织结构上彼此间呈现相对独立、各负其责的关系；在内容上，章与章之间逻辑、条与条之间逻辑、每一条内部的款与款之间逻辑依次展开，在逻辑上体现出立法还是比较严谨的。

1.3　立法细则评估意见

《吉林省安全生产条例》立法细则评估意见

条例内容	评估意见
第一章　总则	
第一条　为了加强安全生产监督管理，防止和减少生产安全事故，保障人民群众生命和财产安全，促进经济发展，根据《中华人民共和国安全生产法》和有关法律、行政法规，结合本省实际，制定本条例。	2014年《安全生产法》进行了修改，《吉林省安全生产条例》是对《安全生产法》进行贯彻实施，立法目的应与修改后的《安全生产法》一致。《安全生产法》第一条"为了加强安全生产工作，防止和减少生产安全事故，保障人民群众生命和财产安全，促进经济社会持续健康发展，制定本法。"建议对本条例第一条进行修改。
第二条　凡在本省行政区域内从事生产经营活动的单位的安全生产，适用本条例。 　　有关法律、行政法规对消防安全和道路交通安全、铁路交通安全、水上交通安全、民用航空安全另有规定的，从其规定。	2014年《安全生产法》进行修改，《吉林省安全生产条例》适用范围应与修改后的《安全生产法》一致。 　　《安全生产法》第二条"在中华人民共和国领域内从事生产经营活动的单位（以下统称生产经营单位）的安全生产，适用本法；有关法律、行政法规对消防安全和道路交通安全、铁路交通安全、水上交通安全、民用航空安全以及核与辐射安全、特种设备安全另有规定的，适用其规定。"建议对本条例第二条进行修改。
第三条　安全生产工作必须坚持安全第一、预防为主的方针。	2014年《安全生产法》进行修改，《吉林省安全生产条例》的工作方针应与修改后的《安全生产法》保持一致。 　　《安全生产法》第三条"安全生产工作应当以人为本，坚持安全发展，坚持安全第一、预防为主、综合治理的方针，强化和落实生产经营单位的主体责任，建立生产经营单位负责、职工参与、政府监管、行业自律和社会监督的机制。"建议对本条例第三条的工作方针进行修改，增加工作机制的相关规定。

条例内容	评估意见
第四条 生产经营单位是安全生产的责任主体，必须依法加强安全生产管理，建立健全安全生产责任制度。 生产经营单位的主要负责人对本单位的安全生产工作负全面责任；其他负责人对各自分管范围内的安全生产工作负直接责任。	2014 年《安全生产法》进行修改，《吉林省安全生产条例》中生产经营单位的责任应与修改后的《安全生产法》一致。 《安全生产法》第四条"生产经营单位必须遵守本法和其他有关安全生产的法律、法规，加强安全生产管理，建立、健全安全生产责任制和安全生产规章制度，改善安全生产条件，推进安全生产标准化建设，提高安全生产水平，确保安全生产。"第五条"生产经营单位的主要负责人对本单位的安全生产工作全面负责。"建议对本条例第四条进行修改，增加生产经营单位的安全规章制度，完善责任人的相关规定。
第五条 各级人民政府及其有关部门的主要负责人对本行政区域、本部门安全生产工作负全面领导责任；其他负责人对分管范围内的安全生产工作负直接领导责任。	《吉林省安全生产条例》是对《安全生产法》贯彻实施的细化，根据《国务院关于坚持科学发展安全发展促进安全生产形势持续稳定好转的意见》（国发〔2011〕40 号）"（十）强化地方人民政府安全监管责任。地方各级人民政府要健全完善安全生产责任制，把安全生产作为衡量地方经济发展、社会管理、文明建设成效的重要指标，切实履行属地管理职责，对辖区内各类企业包括中央、省属企业实施严格的安全生产监督检查和管理。严格落实地方行政首长安全生产第一责任人的责任，建立健全政府领导班子成员安全生产'一岗双责'制度。省、市、县级政府主要负责人要定期研究部署安全生产工作，组织解决安全生产重点难点问题。"建议对本条例第五条进行修改，细化政府、部门负责人责任。

条例内容	评估意见
第六条　各级人民政府应当加强对安全生产工作的领导，支持、督促各有关部门依法履行安全生产监督管理职责，及时协调、解决安全生产监督管理中存在的重大问题。 各级人民政府应当将安全生产工作纳入当地国民经济和社会发展规划，鼓励和支持安全生产科研和先进技术推广应用。 第八条　乡镇人民政府和街道办事处应当确定分管负责人和专职或者兼职人员管理本辖区内的安全生产工作。	2014 年《安全生产法》进行修改，《吉林省安全生产条例》是对《安全生产法》进行贯彻实施，政府责任应与修改后的《安全生产法》一致。 《安全生产法》第八条"国务院和县级以上地方各级人民政府应当根据国民经济和社会发展规划制定安全生产规划，并组织实施。安全生产规划应当与城乡规划相衔接。国务院和县级以上地方各级人民政府应当加强对安全生产工作的领导，支持、督促各有关部门依法履行安全生产监督管理职责，建立健全安全生产工作协调机制，及时协调、解决安全生产监督管理中存在的重大问题。乡、镇人民政府以及街道办事处、开发区管理机构等地方人民政府的派出机关应当按照职责，加强对本行政区域内生产经营单位安全生产状况的监督检查，协助上级人民政府有关部门依法履行安全生产监督管理职责。"第十五条"国家鼓励和支持安全生产科学技术研究和安全生产先进技术的推广应用，提高安全生产水平。"建议对本条例第六条、第八条进行合并与修改，同时将第六条第二款单独设条。
第七条　县级以上人民政府安全生产监督管理部门对本行政区域内安全生产工作实施综合监督管理，指导、协调和监督其他负有安全生产监督管理职责的部门依法履行安全生产监督管理职责。 县级以上人民政府其他有关部门依法在各自的职责范围内对有关的安全生产工作实施监督管理。	2014 年《安全生产法》进行修改，《吉林省安全生产条例》是对《安全生产法》进行贯彻实施，安全生产监督管理应与修改后的《安全生产法》一致。 《安全生产法》第九条"国务院安全生产监督管理部门依照本法，对全国安全生产工作实施综合监督管理；县级以上地方各级人民政府安全生产监督管理部门依照本法，对本行政区域内安全生产工作实施综合监督管理。国务院有关部门依照本法和其他有关法律、行政法规的规定，在各自的职责范围内对有关行业、领域的安全生产工作实施监督管理；县级以上地方各级人民政府有关部门依照本法和其他有关法律、法规的规定，在各自的职责范围内对有关行业、领域的安全生产工作实施监督管理。安全生产监督管理部门和对有关行业、领域的安全生产工作实施监督管理的部门，统称负有安全生产监督管理职责的部门。"建议对本条例第七条进行修改。

续表

条例内容	评估意见
第八条　乡镇人民政府和街道办事处应当确定分管负责人和专职或者兼职人员管理本辖区内的安全生产工作。	依据《安全生产法》第八条，建议对本条例第六条、第八条进行合并与修改。
第九条　县级以上人民政府应当将安全生产监督管理的业务（事业）经费列入同级财政预算。 　　县级以上人民政府有关行政主管部门应当在年度项目计划中安排一定比例的资金，重点支持生产经营单位消除事故隐患、防治职业危害、生产安全应急救援、实施安全生产技术改造和安全科学技术研究项目。	《吉林省安全生产条例》中关于安全生产经费的规定合理恰当。
第十条　工会依法组织职工参加本单位安全生产工作的民主管理，对本单位执行安全生产法律法规的情况进行监督，维护职工在安全生产方面的合法权益。	2014年《安全生产法》进行修改，工会职责应与修改后的《安全生产法》一致。 　　《安全生产法》第七条"工会依法对安全生产工作进行监督。生产经营单位的工会依法组织职工参加本单位安全生产工作的民主管理和民主监督，维护职工在安全生产方面的合法权益。生产经营单位制定或者修改有关安全生产的规章制度，应当听取工会的意见。"建议对本条例第十条进行修改。
第十一条　各级人民政府及其有关部门应当组织开展安全生产宣传教育和有关生产安全事故救援演习，提高公民的安全生产意识和事故防范、救护能力。 　　广播、电视、报刊、网络等单位应当认真履行安全生产宣传教育的义务，加强对安全生产的宣传和舆论监督。	2014年《安全生产法》进行修改，安全生产宣传教育应与修改后的《安全生产法》一致。 　　《安全生产法》第十一条"各级人民政府及其有关部门应当采取多种形式，加强对有关安全生产的法律、法规和安全生产知识的宣传，增强全社会的安全生产意识。" 　　建议对本条例第十一条进行修改。

续表

条例内容	评估意见
第十二条　县级以上人民政府及其有关部门应当对在改善安全生产条件、防止生产安全事故、参加抢险救护、举报安全生产违法行为等方面做出显著成绩或者有功的单位和个人，给予奖励。	《吉林省安全生产条例》中关于奖励的规定合理恰当。 参考依据是《安全生产法》第十六条"国家对在改善安全生产条件、防止生产安全事故、参加抢险救护等方面取得显著成绩的单位和个人，给予奖励。"
第二章　生产经营单位的安全生产保障	
第十三条　矿山、建筑施工单位和危险物品的生产、经营、储存单位，从业人员超过三百人的，应当设置安全生产管理机构；从业人员在三百人以下的，应当设置安全生产管理机构或者配备专职安全生产管理人员。	该条在《安全生产法》的第二十一条进行了详细的规定，所以《吉林省安全生产条例》应避免对上位法的重复规定，建议删除。
第十四条　生产经营单位应当具备法律、法规和强制性标准规定的安全生产条件。不具备安全生产条件的，不得从事生产经营活动。 矿山、建筑施工单位和危险化学品、烟花爆竹、民用爆破器材等生产单位在生产前，应当依照《安全生产许可证条例》，向有关部门申请领取安全生产许可证。	该条款的法律依据是《安全生产法》第十七条，规定了有关行政许可的规定，由于此规定已经有相应的专门法规《安全生产许可证条例》，所以不需要重复规定。
第十五条　生产经营单位应当具备的安全生产条件所必需的资金投入，由生产经营单位的决策机构、主要负责人或者个人经营的投资人予以保证，并对由于安全生产所必需的资金投入不足导致的后果承担责任。 对矿山、建筑施工单位和危险化学品、烟花爆竹、民用爆破器材等生产单位实行安全费用提取制度。安全费用由企业自行提取，专户储存，专项用于安全生产。	该条款设置依据是《安全生产法》第二十条。由于2012年2月14日《企业安全生产费用提取和使用管理办法》的出台，所以《吉林省安全生产条例》对这一部分无须再进行规定。

条例内容	评估意见
第十六条　生产经营单位应当制定安全生产教育培训计划，对从业人员进行安全生产教育培训，并将教育培训情况记录按规定期限保存。 　生产经营单位应当对调换工种或者采用新工艺、新技术、新材料以及使用新设备的从业人员进行专门的安全生产教育培训。 　未经安全生产教育培训合格的从业人员不得上岗作业。	本条款的设置依据是《安全生产法》第二十五条。《安全生产法》第二十五条对生产经营单位制定教育培训计划进行了非常详细的规定，相比《吉林安全生产条例》此条规定非常粗略，所以建议与《安全生产法》保持一致，或进行细化。
第十七条　生产经营单位应当采用先进的技术和设备。引进国外生产设备的，应当同时配备相应的安全防护设施。 　生产经营单位应当实行标准化、规范化生产，制定生产车间、班组安全规范和岗位规程，预防和减少生产安全事故。	该条关于先进的技术和设备的规定，在上一条中已经有所体现，所以应该删除这条中的重复性规定。
第十八条　生产经营单位必须按规定为从业人员无偿发放符合国家标准或者行业标准的劳动防护用品，并监督、教育从业人员按照使用规则佩戴、使用。不得以现金或者其他物品替代劳动防护用品的提供。 　生产经营单位应当对从事高空、采掘、攀登悬崖、陡坡作业和进入深坑、深井作业的从业人员采取专门的安全防护措施。	该条款立法依据是《安全生产法》第四十二条、第四十四条和第二十五条第三款的规定，该条主要是关于劳动防护用品的规定，其中关于高危作业的安全防护措施不符合相关法规，建议删除。
第十九条　生产经营单位有关人员不得违章指挥、强令或者放任从业人员冒险作业，从业人员对违章指挥或者强令冒险作业的有权拒绝，并有权向有关部门检举、控告。	该条符合吉林省地方管理特点，应当保留。

条例内容	评估意见
第二十条　生产经营单位必须依法参加工伤社会保险，为从业人员缴纳工伤保险费。	该条款设置依据是《安全生产法》第四十八条，由于上位法已经有非常明确的规定，所以无须重复。
第二十一条　生产、经营、运输、储存、使用危险物品或者处置废弃危险物品，必须执行国家有关规定。 危险物品生产经营单位的生产区域、生活区域、储存区域之间应当依照有关规定保持安全距离。	该条款设置依据是《安全生产法》第三十六条，该条与上位法基本一致。
第二十二条　生产作业场所必须符合下列安全规定： （一）设备安装、采光照明、物品堆放、通道设置应当符合相关技术规范要求； （二）建筑施工现场的运输道路、机械设施、供排水和供电系统、材料堆放、脚手架、工作平台、住宿场所等，应当符合国家有关安全生产的规定和要求； （三）存在有毒有害物质的生产经营场所应当配备监测设施，并采取通风、除尘、净化、隔离操作等防护措施； （四）法律、法规规定的其他安全措施。	此条为细化条款，符合上位法《安全生产法》的基本精神。增加了消防通道、安全出口符合紧急疏散、救援要求和两项否定性要求，使之逻辑更严密，更具操作性。

条例内容	评估意见
第二十三条　生产经营单位将生产经营项目、场所、设备发包或者出租的，应当与承包方、承租方依法明确或者约定各自的安全生产管理职责。 　　工程承发包双方或者出租危险物品生产、储存场所的双方应当签订专门的安全生产管理协议。 　　对有多个承包或者承租单位的，发包方或者出租方应当统一协调管理，发现承包方或者承租方有安全生产违法行为的，应当及时劝阻并向所在地的安全生产监督管理部门和有关部门报告。承包方或者承租方应当服从发包方或者出租方对其安全生产工作的统一协调管理，发生生产安全事故时，应当立即通知发包方或者出租方，并向所在地的安全生产监督管理部门和有关部门报告。	根据《非煤矿山外包工程安全管理暂行办法》（安全监管总局令第 36 号） 　　第三条第一款　非煤矿山外包工程（以下简称外包工程）的安全生产，由发包单位负主体责任，承包单位对其施工现场的安全生产负责。 　　第八条　发包单位应当与承包单位签订安全生产管理协议，明确各自的安全生产管理职责。安全生产管理协议应当包括下列内容： 　　（一）安全投入保障； 　　（二）安全设施和施工条件； 　　（三）隐患排查与治理； 　　（四）安全教育与培训； 　　（五）事故应急救援； 　　（六）安全检查与考评； 　　（七）违约责任。 　　安全生产管理协议的文本格式由国家安全生产监督管理总局另行制定。 　　第十一条　金属非金属矿山分项发包单位，应当将承包单位及其项目部纳入本单位的安全管理体系，实行统一管理，重点加强对地下矿山领导带班下井、地下矿山从业人员出入井统计、特种作业人员、民用爆炸物品、隐患排查与治理、职业病防护等管理，并对外包工程的作业现场实施全过程监督检查。 　　第十八条　外包工程实行总承包的，总承包单位对施工现场的安全生产负总责；分项承包单位按照分包合同的约定对总承包单位负责。总承包单位和分项承包单位对分包工程的安全生产承担连带责任。 　　总承包单位依法将外包工程分包给其他单位的，其外包工程的主体部分应当由总承包单位自行完成。 　　禁止承包单位转包其承揽的外包工程。禁止分项承包单位将其承揽的外包工程再次分包。 　　应增强本条款的可操作性，建议修改。

条例内容	评估意见
第二十四条　旅游景区（点）管理机构和经营者应当加强旅游安全管理，完善旅游安全防护设施，做好旅游预测预报和游人疏导工作。 　　高空旅游设施和惊险旅游项目必须符合安全规定和标准，保障旅游者人身、财产安全。	2014 年《安全生产法》进行修改，《吉林省安全生产条例》是对《安全生产法》进行贯彻实施，工作方针应与修改后的《安全生产法》一致。 　　本条符合《安全生产法》安全生产工作应当以人为本，坚持安全发展，坚持安全第一、预防为主、综合治理的方针，强化和落实生产经营单位的主体责任，建立生产经营单位负责、职工参与、政府监管、行业自律和社会监督的机制的基本精神。 　　应增加对涉及人身安全的旅游设施、设备的安全检查。
第二十五条　经批准举办的大型经贸、文化、体育等活动，应当依法制定安全预案，并报送安全生产监督管理部门备案。	2014 年《安全生产法》进行修改，《吉林省安全生产条例》是对《安全生产法》进行贯彻实施，安全生产经营单位的责任应与修改后的《安全生产法》一致。 　　《安全生产法》第十八条"生产经营单位的主要负责人对本单位安全生产工作负有下列职责： 　　（一）建立、健全本单位安全生产责任制； 　　（二）组织制定本单位安全生产规章制度和操作规程； 　　（三）组织制定并实施本单位安全生产教育和培训计划； 　　（四）保证本单位安全生产投入的有效实施； 　　（五）督促、检查本单位的安全生产工作，及时消除生产安全事故隐患； 　　（六）组织制定并实施本单位的生产安全事故应急救援预案； 　　（七）及时、如实报告生产安全事故。 　　本条款应增加培训环节，预案演练，对权力更加细化，更加可执行，建议修改。

条例内容	评估意见
第二十六条　人员集中和流动性大的生产经营场所，应当符合下列要求： （一）设置符合紧急疏散需要、标志明显的出口、通道，并保持畅通； （二）有人数限制的，不得超过限定人数； （三）按照规定配备消防设施和器材并保证正常使用； （四）禁止违法、违规存放易燃易爆、剧毒、强腐蚀性和放射性等危险物品； （五）其他相关设施符合安全生产要求。	《吉林省安全生产条例》是对《安全生产法》贯彻实施的细化，根据《劳动密集型加工企业安全生产八条规定》（总局令第 72 号）： 三、必须按标准选用、安装电气设备设施，规范敷设电气线路，严禁私搭乱接、超负荷运行。 七、必须按规定设置安全警示标识和检测报警等装置，严禁作业场所粉尘、有毒物质等浓度超标。 八、必须配备必要的应急救援设备设施，严禁堵塞、锁闭和占用疏散通道及事故发生后延误报警。 建议修改。
第二十七条　生产经营单位新建、改建、扩建工程项目（以下统称建设项目）的安全设施，必须与主体工程同时设计、同时施工、同时投入生产和使用（简称"三同时"）。对未执行"三同时"的建设项目，不得竣工验收、投产使用。	2014 年《安全生产法》进行修改，《吉林省安全生产条例》是对《安全生产法》进行贯彻实施，政府责任应与修改后的《安全生产法》一致。 《安全生产法》第二十八条　生产经营单位新建、改建、扩建工程项目（以下统称建设项目）的安全设施，必须与主体工程同时设计、同时施工、同时投入生产和使用。安全设施投资应当纳入建设项目概算。
第二十八条　矿山建设项目和用于生产、储存危险物品的建设项目，应当按照国家规定进行安全评价。设计单位必须按照国家或者行业安全生产标准进行设计，其初步设计文件应当有安全生产专篇，并经安全生产监督管理部门及其他有关部门审查同意。 施工单位应当按照批准的设计文件进行施工并对安全设施的工程质量负责。 前款规定的建设项目竣工后，必须依照有关法律、行政法规的规定对安全设施进行验收。未经验收或者验收不合格的，建设项目不得投入生产或者使用。	2014 年《安全生产法》进行修改，《吉林省安全生产条例》是对《安全生产法》进行贯彻实施，安全生产监督管理应与修改后的《安全生产法》一致。 《安全生产法》第三十条第一款建设项目安全设施的设计人、设计单位应当对安全设施设计负责。 《建设项目安全设施"三同时"监督管理暂行办法》（安全监管总局令第 36 号）第十条本办法第七条规定以外的其他建设项目，生产经营单位应当对其安全生产条件和设施进行综合分析，形成书面报告，并按照本办法第五条的规定报安全生产监督管理部门备案。

条例内容	评估意见
第二十九条　生产经营单位应当定期排查事故隐患，发现事故隐患必须立即采取整治措施予以排除。 　　生产经营单位对限期整改的重大、特大事故隐患，必须按规定期限完成治理，并及时向有关部门和安全生产监督管理部门报告并接受其检查。	符合《吉林省安全生产条例》中关于安全生产责任的规定合理恰当。
第三章　安全生产监督管理	
第三十条　各级人民政府应当建立安全生产目标责任制，对安全生产工作实行目标管理。 　　县级以上人民政府应当组织有关部门对本行政区域内的安全生产情况进行定期和不定期检查，对发现的问题应当及时处理，超出其管理权限的，应当立即按程序上报。	2014年《安全生产法》修改以后，增加了对于安全生产生产年度检查计划的要求，《吉林省安全生产条例》应该贯彻这一改变，并根据吉林省的具体情况，具体细化关于贯彻实施这一计划的相关内容。 　　《安全生产法》第五十九条　县级以上地方各级人民政府应当根据本行政区域内的安全生产状况，组织有关部门按照职责分工，对本行政区域内容易发生重大生产安全事故的生产经营单位进行严格检查。 　　安全生产监督管理部门应当按照分类分级监督管理的要求，制定安全生产年度监督检查计划，并按照年度监督检查计划进行监督检查，发现事故隐患，应当及时处理。
第三十一条　县级以上人民政府安全生产监督管理部门发现其他有关部门未依法履行安全生产监督管理职责的，应当督促其及时改进，依照有关规定进行处理。	修改前后的安全生产法中都有对于各部门互相配合、互通情况的相关规定，而条例之中没有很好地体现，并加以细化。应该增加关于具体的关于相互配合的相关规定同时对于督促改正也应该进行细化。 　　《安全生产法》第六十六条　负有安全生产监督管理职责的部门在监督检查中，应当互相配合，实行联合检查；确需分别进行检查的，应当互通情况，发现存在的安全问题应当由其他有关部门进行处理的，应当及时移送其他有关部门并形成记录备查，接受移送的部门应当及时进行处理。

条例内容	评估意见
第三十二条　各级人民政府安全生产监督管理部门应当采用公告、新闻发布会等形式，向社会公布本辖区安全生产状况和生产安全事故的信息。	2014 年《安全生产法》增加了第七十五条关于信息发布的具体规定，要求建立信息库并通报有关部门，修改安全生产条例时，也应该增加并细化关于信息发布的相关内容。 《安全生产法》第七十五条　负有安全生产监督管理职责的部门应当建立安全生产违法行为信息库，如实记录生产经营单位的安全生产违法行为信息；对违法行为情节严重的生产经营单位，应当向社会公告，并通报行业主管部门、投资主管部门、国土资源主管部门、证券监督管理机构以及有关金融机构。
第三十三条　县级以上人民政府安全生产监督管理部门和其他有关部门应当建立、健全重大危险源备案制度，加强对重大危险源的监控工作。 第三十四条　县级以上人民政府安全生产监督管理部门和其他有关部门，在检查过程中发现存在生产安全事故隐患的，应当责令生产经营单位采取措施立即消除；不能立即消除的，应当责令限期消除，并督促落实。在限期消除期间，安全生产监督管理部门或者其他有关部门可以在生产经营场所的明显位置设置事故隐患提示标志，并责令生产经营单位采取临时性安全措施。	修改前后的《安全生产法》对于派出机关的相关职责都做了具体的规定，而原来的安全生产条例并没有将这一具体规定在条例中体现，并进行符合吉林省情况的细化，所以应该将这一规定写入条例，结合吉林省具体情况，存在一定数量的高风险危险化学品企业，设计相应的搬迁制度符合吉林省具体情况。 《安全生产法》第六十二条　安全生产监督管理部门和其他负有安全生产监督管理职责的部门依法开展安全生产行政执法工作，对生产经营单位执行有关安全生产的法律、法规和国家标准或者行业标准的情况进行监督检查，行使以下职权： （一）进入生产经营单位进行检查，调阅有关资料，向有关单位和人员了解情况； （二）对检查中发现的安全生产违法行为，当场予以纠正或者要求限期改正；对依法应当给予行政处罚的行为，依照本法和其他有关法律、行政法规的规定做出行政处罚决定； （三）对检查中发现的事故隐患，应当责令立即排除；重大事故隐患排除前或者排除过程中无法保证安全的，应当责令从危险区域内撤出作业人员，责令暂时停产停业或者停止使用相关设施、设备；重大事故隐患排除后，经审查同意，方可恢复生产经营和使用； （四）对有根据认为不符合保障安全生产的国家标准或者行业标准的设施、设备、器材以及违法生产、储存、使用、经营、运输的危险物品予以查封或者扣押，对违法生产、储存、使用、经营危险物品的作业场所予以查封，并依法做出处理决定。

条例内容	评估意见
第三十五条　县级以上人民政府安全生产监督管理部门和其他有关部门工作人员，对涉及安全生产的事项进行检查、验收时应当坚持标准，不得弄虚作假；不得要求接受检查、验收的单位购买其指定的安全设备、器材或者其他产品。	2014 年修改后的《安全生产法》更为注重对于法律责任的规定，也对于法律责任的相关内容进行了大量修改，对监督责任也更为重视，虽然与本条对应的安全生产法发条并没有修改，但是，应该贯彻整体性，增加关于相关责任的规定。 《安全生产法》第六十一条　负有安全生产监督管理职责的部门对涉及安全生产的事项进行审查、验收，不得收取费用；不得要求接受审查、验收的单位购买其指定品牌或者指定生产、销售单位的安全设备、器材或者其他产品。
第三十六条　承担安全评价、认证、检测、检验的中介机构应当具备国家规定的资质条件，在资质许可的范围内从事安全生产中介服务，并对其做出的评价、认证、检测、检验的结果负责。	对于相关中介机构的相关规定，应该建立相关的监督机制，并对出现问题的相关机构做出相应处理。 《安全生产法》第六十九条　承担安全评价、认证、检测、检验的机构应当具备国家规定的资质条件，并对其做出的安全评价、认证、检测、检验的结果负责。

条例内容	评估意见
第四章　生产安全事故的应急救援与调查处理	
第三十七条　县级以上人民政府应当组织有关部门制定本行政区域内重大、特大生产安全事故应急救援预案，建立应急救援体系。预案经当地人民政府主要负责人签署后报上一级人民政府备案，并定期组织演练。	《安全生产法》第七十六条　国家加强生产安全事故应急能力建设，在重点行业、领域建立应急救援基地和应急救援队伍，鼓励生产经营单位和其他社会力量建立应急救援队伍，配备相应的应急救援装备和物资，提高应急救援的专业化水平。 　　国务院安全生产监督管理部门建立全国统一的生产安全事故应急救援信息系统，国务院有关部门建立健全相关行业、领域的生产安全事故应急救援信息系统。 　　本条款对建设应急救援体系的阐述并不清晰，根据《安全生产法》第七十六条，应清晰明确的规范各级政府及负有安全生产监督管理职责的部门应承担的职责。 　　第一款删去"重大、特大"，对于"重大、特大"的确定并不能做到十分精确，因此在作为行为调整规范的法律规范中，仅强调"重大、特大"并不严谨。 　　第二款对需进行备案的主体进行规范，备案只能在本行政区域内进行，因此需要向上一级人民政府备案的主体应该是市、县级人民政府，不包括省人民政府，因此这里应对需进行备案的主体进行明确规范，依照第一款使用县级以上人民政府的概念外延不准确； 　　将"并定期组织演练"删去，修改依据为《安全生产法》第七十八条，定期组织应急救援演练的主体为生产经营单位，而不是当地人民政府。

条例内容	评估意见
第三十八条　生产经营单位应当制定生产安全事故应急救援预案。 危险物品生产、经营、储存、运输、使用单位以及矿山、建筑施工单位应当建立应急救援组织；生产经营单位规模较小，应当确定兼职的应急救援人员，并与就近的应急救援组织签订应急救援协议。公众聚集场所，应当指定兼职的应急救援人员。 危险物品生产、经营、储存、运输、使用单位和矿山、建筑施工单位及公众聚集场所应当配备必要的应急救援装备及器材。	《安全生产法》第七十八条　生产经营单位应当制定本单位生产安全事故应急救援预案，与所在地县级以上地方人民政府组织制定的生产安全事故应急救援预案相衔接，并定期组织演练。 《企业安全生产应急管理九条规定》（总局令第74号）四、必须在风险评估的基础上，编制与当地政府及相关部门相衔接的应急预案，重点岗位制定应急处置卡，每年至少组织一次应急演练。 五、必须开展从业人员岗位应急知识教育和自救互救、避险逃生技能培训，并定期组织考核。 《国务院关于进一步加强企业安全生产工作的通知》（国发〔2010〕23号）17. 完善企业应急预案。企业应急预案要与当地政府应急预案保持衔接，并定期进行演练。赋予企业生产现场带班人员、班组长和调度人员在遇到险情时第一时间下达停产撤人命令的直接决策权和指挥权。因撤离不及时导致人身伤亡事故的，要从重追究相关人员的法律责任。 《生产安全事故应急预案管理办法》（国家安全监管总局令第17号）第二十六条　生产经营单位应当制定本单位的应急预案演练计划，根据本单位的事故预防重点，每年至少组织一次综合应急预案演练或者专项应急预案演练，每半年至少组织一次现场处置方案演练。 第二十九条　地方各级安全生产监督管理部门制定的应急预案，应当根据预案演练、机构变化等情况适当修订。 生产经营单位制定的应急预案应当至少每3年修订一次，预案修订情况应有记录并归档。 在实践中，生产经营单位存在着忽视应急救援预案制定、培训、演练的问题，造成严重后果，因此有必要通过地方性法规的专门规定，强化生产经营单位的法律意识。《吉林省安全生产条例》作为地方性法规的专门规定，应当对生产经营单位应急预案的建立规范更加详尽地规范生产经营单位如何建立完善以及实践演练应急救援预案。

条例内容	评估意见
第三十九条 生产经营单位发生生产安全事故，必须按照规定的时限报告当地安全生产监督管理部门和其他有关部门。安全生产监督管理部门和其他有关部门接到事故报告后，应当依照有关规定及时上报。	修订依据：《生产安全事故报告和调查处理条例》（国务院令第 493 号）第九条 事故发生后，事故现场有关人员应当立即向本单位负责人报告；单位负责人接到报告后，应当于 1 小时内向事故发生地县级以上人民政府安全生产监督管理部门和负有安全生产监督管理职责的有关部门报告。 情况紧急时，事故现场有关人员可以直接向事故发生地县级以上人民政府安全生产监督管理部门和负有安全生产监督管理职责的有关部门报告。 本条款依据《生产安全事故报告和调查处理条例》（国务院令第 493 号）第九条进行补充和完善，将生产安全事故发生后，生产经营单位负责人及其有关人员、安全生产监督管理部门和其他负有安全生产监督管理职责的部门的责任分工做出了明确的界定。
第四十条 生产经营单位发生生产安全事故后，应当迅速采取有效措施组织抢救，防止事故扩大，减少人员伤亡和财产损失。抢救有困难的，应当立即报告当地安全生产监督管理部门，由其调集救援力量。接到指令的相关单位应当支持、配合事故抢救，并提供一切便利条件。 发生生产安全事故的生产经营单位应当保护事故现场，配合事故调查和处理，不得伪造、破坏事故现场或者毁灭证据。	《生产安全事故报告和调查处理条例》（国务院令第 493 号）第十四条 事故发生单位负责人接到事故报告后，应当立即启动事故相应应急预案，或者采取有效措施，组织抢救，防止事故扩大，减少人员伤亡和财产损失。 第十六条 事故发生后，有关单位和人员应当妥善保护事故现场以及相关证据，任何单位和个人不得破坏事故现场、毁灭相关证据。 因抢救人员、防止事故扩大以及疏通交通等原因，需要移动事故现场物件的，应当做出标志，绘制现场简图并做出书面记录，妥善保存现场重要痕迹、物证。 本条款有三层含义，应当分为三个条款，依据《生产安全事故报告和调查处理条例》第十四条、第十五条，根据条例整体的逻辑，对该条款进行梳理。
第四十一条 发生生产安全事故的生产经营单位应当按照有关规定做好善后处理工作，依法向受害人或者家属及时、全额支付赔偿金。	该条文内容已在《安全生产法》中规定，并且在《吉林省安全生产条例》中并未对其细化，可以按照《安全生产法》执行，本条款的实效性较差，可以删除。

条例内容	评估意见
第四十二条　依照国家有关规定，对矿山、建筑施工单位和危险化学品、烟花爆竹、民用爆破器材等生产单位实行安全生产风险抵押金制度，专项用于发生事故时的抢险救灾及善后处理。	该条文在执行中，可以依照国家有关规定执行，建议在《吉林省安全生产条例》中删除该条。
第四十三条　县级以上人民政府组织安全生产监督管理部门及其他有关部门，按照国家有关规定对事故进行调查处理，做出事故处理和责任追究决定。 　　行政监察部门、有关主管部门和单位，应当按照管理权限和程序的规定，依法对有关责任者给予行政处分，并将处理结果通报同级安全生产监督管理部门。	《国务院办公厅关于加强安全生产监管执法的通知》（国办发〔2015〕20号）（六）进一步严格事故调查处理。各类生产安全事故发生后，各级人民政府必须按照事故等级和管辖权限，依法开展事故调查，并通知同级人民检察院介入调查。完善事故查处挂牌督办制度，按规定由省级、市级和县级人民政府分别负责查处的重大、较大和一般事故，分别由上一级人民政府安全生产委员会负责挂牌督办、审核把关。对性质严重、影响恶劣的重大事故，经国务院批准后，成立国务院事故调查组或由国务院授权有关部门组织事故调查组进行调查。对典型的较大事故，可由国务院安全生产委员会直接督办。建立事故调查处理信息通报和整改措施落实情况评估制度，所有事故都要在规定时限内结案并依法及时向社会全文公布事故调查报告，同时由负责查处事故的地方人民政府在事故结案1年后及时组织开展评估，评估情况报上级人民政府安全生产委员会办公室备案。 　　《生产安全事故报告和调查处理条例》（国务院令第493号）第二十条　上级人民政府认为必要时，可以调查由下级人民政府负责调查的事故。 　　自事故发生之日起30日内（道路交通事故、火灾事故自发生之日起7日内），因事故伤亡人数变化导致事故等级发生变化，依照本条例规定应当由上级人民政府负责调查的，上级人民政府可以另行组织事故调查组进行调查。 　　建议删除本条款。本条款属于原则性条款，不适宜在第四章中进行规定。此外，本条文立法依据是《生产安全事故报告和调查处理条例》，法律效力等级为行政法规，在已有行政法规明确规定的情况下，无须通过地方性法规进行重复规定。

条例内容	评估意见
第四十四条　公安、消防、道路交通、铁路、民航、卫生、劳动与社会保障等部门和单位，应当将生产安全事故统计报表或者工伤统计报表定期抄送同级安全生产监督管理部门。	该条款不存在问题。
第五章　法律责任	
第四十五条　违反本条例第十八条规定，生产经营单位未为从业人员发放符合国家标准或者行业标准的劳动防护用品或者提供安全防护措施的，由县级以上人民政府安全生产监督管理部门责令限期改正。逾期未改正的，责令停止建设或者停产停业整顿，情节较轻的，并处三千元以上二万元以下的罚款；情节较重的，并处二万元以上五万元以下的罚款。造成严重后果构成犯罪的，依法追究刑事责任。	2014年《安全生产法》进行修改，《吉林省安全生产条例》中生产经营单位的责任应与修改后的《安全生产法》一致。 　　《安全生产法》第九十四条　生产经营单位有下列行为之一的，责令限期改正，可以处五万元以下的罚款；逾期未改正的，责令停产停业整顿，并处五万元以上十万元以下的罚款，对其直接负责的主管人员和其他直接责任人员处一万元以上二万元以下的罚款： 　　（一）未按照规定设置安全生产管理机构或者配备安全生产管理人员的； 　　（二）危险物品的生产、经营、储存单位以及矿山、金属冶炼、建筑施工、道路运输单位的主要负责人和安全生产管理人员未按照规定经考核合格的； 　　（三）未按照规定对从业人员、被派遣劳动者、实习学生进行安全生产教育和培训，或者未按照规定如实告知有关的安全生产事项的； 　　（四）未如实记录安全生产教育和培训情况的； 　　（五）未将事故隐患排查治理情况如实记录或者未向从业人员通报的； 　　（六）未按照规定制定生产安全事故应急救援预案或者未定期组织演练的； 　　（七）特种作业人员未按照规定经专门的安全作业培训并取得相应资格，上岗作业的。 　　建议对该条款进行修改。

条例内容	评估意见
第四十六条　违反本条例第二十一条第二款规定，生产、经营、储存、使用危险物品单位的生产区域、生活区域、储存区域未按照规定保持安全距离的，由县级以上人民政府安全生产监督管理部门责令限期改正；逾期未改正的，责令停产、停业整顿；造成严重后果构成犯罪的，依法追究刑事责任。	2014年《安全生产法》进行修改，《吉林省安全生产条例》中生产经营单位的责任应与修改后的《安全生产法》一致。 《安全生产法》第一百零二条　生产经营单位有下列行为之一的，责令限期改正，可以处五万元以下的罚款，对其直接负责的主管人员和其他直接责任人员可以处一万元以下的罚款；逾期未改正的，责令停产停业整顿；构成犯罪的，依照刑法有关规定追究刑事责任： （一）生产、经营、储存、使用危险物品的车间、商店、仓库与员工宿舍在同一座建筑内，或者与员工宿舍的距离不符合安全要求的； （二）生产经营场所和员工宿舍未设有符合紧急疏散需要、标志明显、保持畅通的出口，或者锁闭、封堵生产经营场所或者员工宿舍出口的。 建议对第四十六条进行修改。

条例内容	评估意见
第四十七条　违反本条例第二十九条第二款规定，生产经营单位对重大、特大事故隐患未按规定期限完成整改的，由县级以上人民政府安全生产监督管理部门责令暂时停产、停业或者停止使用；对拒不停产、停业或者停止使用的，可以依法申请人民法院强制执行。	2014 年《安全生产法》进行修改，《吉林省安全生产条例》中生产经营单位的责任应与修改后的《安全生产法》一致。 　　《安全生产法》第六十二条　生产经营单位有下列行为之一的，责令限期改正，可以处五万元以下的罚款；逾期未改正的，处五万元以上二十万元以下的罚款，对其直接负责的主管人员和其他直接责任人员处一万元以上二万元以下的罚款；情节严重的，责令停产停业整顿；构成犯罪的，依照刑法有关规定追究刑事责任： 　　（一）未在有较大危险因素的生产经营场所和有关设施、设备上设置明显的安全警示标志的； 　　（二）安全设备的安装、使用、检测、改造和报废不符合国家标准或者行业标准的； 　　（三）未对安全设备建立台账、制定检维修计划、如实记录检维修情况的； 　　（四）未为从业人员、被派遣劳动者、实习学生提供符合国家标准或者行业标准的劳动防护用品的； 　　（五）危险物品的容器、运输工具，以及涉及人身安全、危险性较大的矿山井下特种设备未经具有专业资质的机构检测、检验合格，取得安全使用证或者安全标志，投入使用的； 　　（六）使用应当淘汰的危及生产安全的工艺、设备的。 　　第九十九条　生产经营单位未采取措施消除事故隐患的，责令立即消除或者限期消除；生产经营单位拒不执行的，责令停产停业整顿，并处十万元以上五十万元以下的罚款，对其直接负责的主管人员和其他直接责任人员处二万元以上五万元以下的罚款。 　　建议对第四十七条进行修改。

条例内容	评估意见
第四十八条　违反本条例第四十条第二款规定，发生事故的生产经营单位故意伪造、破坏事故现场或者毁灭证据的，由公安机关依据有关法律、法规对有关人员予以处罚；构成犯罪的，依法追究刑事责任。	2014年《安全生产法》进行修改，《吉林省安全生产条例》是对《安全生产法》进行贯彻实施，生产经营单位的责任应与修改后的《安全生产法》一致。 　　《安全生产法》第八十条　生产经营单位发生生产安全事故后，事故现场有关人员应当立即报告本单位负责人。单位负责人接到事故报告后，应当迅速采取有效措施，组织抢救，防止事故扩大，减少人员伤亡和财产损失，并按照国家有关规定立即如实报告当地负有安全生产监督管理职责的部门，不得隐瞒不报、谎报或者不报，不得故意破坏事故现场、毁灭有关证据。 　　第一百零七条　有关地方人民政府、负有安全生产监督管理职责的部门，对生产安全事故隐瞒不报、谎报或者不报的，对直接负责的主管人员和其他直接责任人员依法给予处分；构成犯罪的，依照刑法有关规定追究刑事责任。 　　建议对第四十八条进行修改。
第四十九条　违反本条例第三十六条规定，承担安全评价、认证、检测、检验工作的中介机构，出具虚假证明，构成犯罪的，依法追究刑事责任；尚不构成刑事处罚的，没收违法所得，违法所得在五千元以上的，并处违法所得二倍以上五倍以下的罚款，没有违法所得或者违法所得不足五千元的，单处或者并处五千元以上二万元以下的罚款，对其直接负责的主管人员和其他直接责任人员处五千元以上五万元以下的罚款；给他人造成损害的，与生产经营单位承担连带赔偿责任。 　　对有前款违法行为的机构，撤销其相应资格。	2014年《安全生产法》进行了修改，《安全条例》应对《安全生产法》进行贯彻实施。 　　《安全生产法》第八十九条　承担安全评价、认证、检测、检验工作的机构，出具虚假证明的，没收违法所得；违法所得在十万元以上的，并处违法所得二倍以上五倍以下的罚款；没有违法所得或者违法所得不足十万元的，单处或者并处十万元以上二十万元以下的罚款；对其直接负责的主管人员和其他直接责任人员处二万元以上五万元以下的罚款；给他人造成损害的，与生产经营单位承担连带赔偿责任；构成犯罪的，依照刑法有关规定追究刑事责任。 　　对有前款违法行为的机构，吊销其相应资质。 　　建议对本条例进行修改。

条例内容	评估意见
第五十条　按照本条例第四条规定，生产经营单位的负责人对发生生产安全事故负有全面责任、直接责任的，依法给予行政处分或者罚款；构成犯罪的，依法追究刑事责任。	《安全生产法》第九十一条　生产经营单位的主要负责人未履行本法规定的安全生产管理职责的，责令限期改正；逾期未改正的，处二万元以上五万元以下的罚款，责令生产经营单位停产停业整顿。 生产经营单位的主要负责人有前款违法行为，导致发生生产安全事故的，给予撤职处分；构成犯罪的，依照刑法有关规定追究刑事责任。 生产经营单位的主要负责人依照前款规定受刑事处罚或者撤职处分的，自刑罚执行完毕或者受处分之日起，五年内不得担任任何生产经营单位的主要负责人；对重大、特别重大生产安全事故负有责任的，终身不得担任本行业生产经营单位的主要负责人。 第九十二条　生产经营单位的主要负责人未履行本法规定的安全生产管理职责，导致发生生产安全事故的，由安全生产监督管理部门依照下列规定处以罚款： （一）发生一般事故的，处上一年年收入百分之三十的罚款； （二）发生较大事故的，处上一年年收入百分之四十的罚款； （三）发生重大事故的，处上一年年收入百分之六十的罚款； （四）发生特别重大事故的，处上一年年收入百分之八十的罚款。 第一百零六条　生产经营单位的主要负责人在本单位发生生产安全事故时，不立即组织抢救或者在事故调查处理期间擅离职守或者逃匿的，给予降级、撤职的处分，并由安全生产监督管理部门处上一年年收入百分之六十至百分之一百的罚款；对逃匿的处十五日以下拘留；构成犯罪的，依照刑法有关规定追究刑事责任。 生产经营单位的主要负责人对生产安全事故隐瞒不报、谎报或者迟报的，依照前款规定处罚。 第一百一十一条　生产经营单位发生生产安全事故造成人员伤亡、他人财产损失的，应当依法承担赔偿责任；拒不承担或者其负责人逃匿的，由人民法院依法强制执行。 生产安全事故的责任人未依法承担赔偿责任，经人民法院依法采取执行措施后，仍不能对受害人给予足额赔偿的，应当继续履行赔偿义务；受害人发现责任人有其他财产的，可以随时请求人民法院执行。

续表

条例内容	评估意见
第五十一条　按照本条例第五条规定，人民政府和有关部门的负责人对发生重大、特大生产安全事故造成重大损失或者恶劣影响负有全面领导责任、直接领导责任的，应当依法给予行政处分，或者建议其引咎辞职，或者责令辞职。	2014年《安全生产法》在这方面没有进行修改，还是原条文内容。 　　第一百零七条　有关地方人民政府、负有安全生产监督管理职责的部门，对生产安全事故隐瞒不报、谎报或者迟报的，对直接负责的主管人员和其他直接责任人员依法给予处分；构成犯罪的，依照刑法有关规定追究刑事责任。
第五十二条　各级人民政府和安全生产监督管理部门以及其他有关部门有下列情形之一的，对直接负责的主管人员和其他直接责任人员依法给予行政处分；构成犯罪的，依法追究刑事责任： 　　（一）不及时协调解决因外部原因给生产经营单位造成事故隐患或者其他不安全因素的； 　　（二）未能有效组织救援致使生产安全事故损害扩大的； 　　（三）对生产安全事故隐瞒不报、谎报或者拖延不报的； 　　（四）对检查、验收不坚持标准，出具虚假材料的； 　　（五）要求被检查、验收的单位购买其指定的安全设备、器材或者其他产品的； 　　（六）阻挠、干涉生产安全事故调查处理或者责任追究的； 　　（七）其他玩忽职守、滥用职权、徇私舞弊行为。	《安全生产法》第八十七条　负有安全生产监督管理职责的部门的工作人员，有下列行为之一的，给予降级或者撤职的处分；构成犯罪的，依照刑法有关规定追究刑事责任： 　　（一）对不符合法定安全生产条件的涉及安全生产的事项予以批准或者验收通过的； 　　（二）发现未依法取得批准、验收的单位擅自从事有关活动或者接到举报后不予取缔或者不依法予以处理的； 　　（三）对已经依法取得批准的单位不履行监督管理职责，发现其不再具备安全生产条件而不撤销原批准或者发现安全生产违法行为不予查处的； 　　（四）在监督检查中发现重大事故隐患，不依法及时处理的。 　　负有安全生产监督管理职责的部门的工作人员有前款规定以外的滥用职权、玩忽职守、徇私舞弊行为的，依法给予处分；构成犯罪的，依照刑法有关规定追究刑事责任。 　　第八十八条　负有安全生产监督管理职责的部门，要求被审查、验收的单位购买其指定的安全设备、器材或者其他产品的，在对安全生产事项的审查、验收中收取费用的，由其上级机关或者监察机关责令改正，责令退还收取的费用；情节严重的，对直接负责的主管人员和其他直接责任人员依法给予处分。 　　该条文应该按照修改后的《安全生产法》进行修改。

条例内容	评估意见
第六章　附则	
第五十三条　本条例自2005 年 6 月 1 日起施行。	附则条款不存在立法技术问题。

2.《吉林省安全生产条例》实施效果评估

2.1 执法效果评估

执法，是将静态的法律文本转化成动态的社会规范的桥梁。一个合法、合理、完整、高效的执法机制，则是评估一部立法实施效果的最重要的指标之一。

广义的执法或者说是法的执行，是指所有国家行政机关、司法机关及其公职人员依照法律职权和程序实施法律的活动。狭义的执法、或法的执行，则专指国家行政机关及其公职人员依法行使管理职权、履行职责、实施法律的活动。

在评估《吉林省安全生产条例》的实施效果时，项目组将执法定义为狭义的执法，即行政机关执法的评估，因此对《吉林省安全生产条例》执法效果评估主要体现在三个方面，即《吉林省安全生产条例》执法的积极性、正当性和可行性。

2.1.1　执法的积极性评估

在执法中，执法主体即行政机关及其工作人员的积极性，是确保法律法规有效实施运行的前提和基础，也是行政机关及其工作人员依法行政的保障。执法的积极性，主要是指行政机关及其工作人员在行政执法实践中将法律、法规和规章及其他规范性文件付诸实施的行为。

一般而言，政府的行政执法手段更加积极、主动，和普通公民的接触最频繁，对公民的生活影响也最大。然而，在实际执法过程中，行政机关适用、解释法律规范时，往往享有一定的自由裁量权，而不是仅仅简单、机械地执法。在评价当代政府法治水平的诸项指标中，如何能够最大限度地有效调动执法人员的工作积极性是重要指标之一，是执法机关履行职责、维护吉林省安全生产工作的根本保证，也是加强执法队伍正规化建设，推动行政执法发展的内在动力。因此，项目组在评价行政执法的积极性方面，在分析如何通过立法规范、限制行政权力的行使的同时，也强调以恰当的方式最大限度地调动行政机关执法的积极性。

项目组将在具体分析调研数据的基础上，分析行政机关及其工作人员即安全生产监督管理部门及其执法人员保证《吉林省安全生产条例》实施的现状，对法规的了解、认可程度；安全生产监督管理部门及其执法人员实施法规的积极性。通过对数据的分析得出结论，以期调动安全生产监督管理部门的积极性，确保安全生产监督管理部门在执法中做到依法行政，切实加强本省安全生产监督管理，防止和减少生产安全事故，保障人民群众生命和财产安全，促进经济发展。

2.1.1.1　安全生产监督管理部门及其执法人员对法规的了解程度

安全生产监督管理部门及其执法人员对《吉林省安全生产条例》的了解程度是确保安全生产执法的前提，也是提高其执法积极性的基础。《吉林省安全生产条例》实施至今已经十一年，在对各级地方安全生产监督管理部门及相关部门执法人员所做的调查中，其对《吉林省安全生产条例》的了解程度较高。在参与调查的75名地方安全生产监督管理部门及相关部门执法人员中，对《吉林省安全生产条例》"非常了解"的20人，占总数的26.7%；"比较了解"的37人，占总数的49.3%；"一般"的18人，占总数的24%。了解程度大多集中在"比较了解"和"一般"中，了解程度较高的主体占76%。参与调研的地方安全生产监督管理部门对《吉林省安全生产条例》所涉及的安全生产监管的职责、重大危险源备案制度、事故隐患排查制度、生产安全事故的应急救援制度以及相关的法律责任非常熟悉。综上可见，安全生产监督管理部门及其执法人员对《吉林省安全生产条例》具有很高的了解程度，这有助于执法过程中依法行政，切实处理好与生产经营单位之间的矛盾纠纷，保护其合法权益，确保《吉林省安全生产条例》的正确实施和适用，增强法的权威性。

2.1.1.2　安全生产监督管理部门及其执法人员对法规的认可程度

安全生产监督管理部门及其执法人员对《吉林省安全生产条例》的认可程度是指安监部门在对《吉林省安全生产条例》了解的基础上做出的价值判断，即对该条例的作用、效果、制定程序等方面的看法。认可程度的高低决定着安监部门在执法过程中能否切实坚持依法行政，能否认可《吉林省安全生产条例》在其执法体系中的作用。项目组通过调查问卷对来自安监部门的75名受访者进行了《吉林省安全生产条例》的认可程度的调查，75名受访者都返回了有效问卷。问卷分别提出了4个问题，问题及结果如下：

1. 问题："从整体来看，《吉林省安全生产条例》与吉林省经济社会发展状况的匹配程度如何？"

结果显示：有24人认为匹配程度非常一致；有32人认为比较一致，有16人认为匹配程度一般，有1人认为不太一致，有2人未回答。可见有74.7%的行为人认为《吉林省安全生产条例》与经济社会发展状况的匹配程度较高。

2. 问题："《吉林省安全生产条例》与《中华人民共和国安全生产法》的协调一致程度如何？"

结果显示：有27人认为协调程度非常一致；有37认为比较一致，有7认为协调程度一般，有4人认为不太一致，有2人未回答。可见有85.3%的行为人认为《吉林省安全生产条例》与上位法的协调程度较高。

3. 问题："《吉林省安全生产条例》的实施对防止或减少吉林省安全生产事故的作用有多大？"

结果表明，有35人认为作用非常大；有29认为比较大，有8认为作用一般，有3人未回答。可见有85.4%的执法者认为《吉林省安全生产条例》的实施对防止或减少吉林省安全生产事故的作用是比较大的。

4. 问题："您认为《吉林省安全生产条例》对提高人们的安全生产意识是否作用很大？"

结果表明，有33人认为作用非常大；有26认为比较大，有15认为作用一般，有1人认为不太大。可见有78.7%的执法者认为《吉林省安全生产条例》对提高人们的安全生产意识是比较大的。

通过上述四个问题的问卷调查，都可以得出吉林省各级安全生产监督管理部门对于《吉林省安全生产条例》在具体实施过程中的作用持有认可、肯定的态度的结论。从逻辑上讲，认可一部法律规范的作用，是执法机关积极、主动实施该法律规范，管理社会生活的前提和基础。因此，我们可以认定《吉林省安全生产条例》在具体实施的过程中，吉林省安全生产监督管理部门在总体上是具有积极性的。

2.1.1.3 安全生产监督管理部门及其执法人员执法情况

安全生产监督管理部门在遵循《吉林省安全生产条例》实施过程中，表现在安全生产监督管理部门对《吉林省安全生产条例》的宣传力度。

项目组对来自生产经营单位的管理者50名受访者进行了《吉林省安全生产条例》宣传力度的问卷调查。问题是："您对《吉林省安全生产条例》宣传力度做何种评价？"50名受访者返回了有效问卷。结果显示：认为《吉林省安全生产条例》的宣传力度非常大的23人，有效百分比为46%；比较大的有20人，有效百分比为40%；一般的有6人，有效百分比为12%；比较弱的有1人，有效百分比为2%。可见，有86%的相关人员认为《吉林省安全生产条例》的宣传力度比较大，有12%的人认为《吉林省安全生产条例》有一定的宣传力度，可见《吉林省安全生产条例》的宣传力度较强。

2.1.2 执法的正当性评估

在对《吉林省安全生产条例》实施效果评估的部分，执法的正当性评估是最困难的工作之一。这主要是源于"正当性"本身概念上的模糊。为使评估结论更加具体、明确，本项目组首先对"正当性"概念进行界定，并在此基础上，对《吉林省安全生产条例》的实施效果进行评估。

对于"正当性"这个一直困扰法学理论界与实务界的概念，日本著名学者谷口安平教授曾尝试从"动机"与"结果"两个层面对其进行解读。他指出："对权利行使的结果，人们作为正当的东西加以接受时，这种权利的行使及其结果就可以称之为具有正当性或正统性，正当性就是正确性。这里的正确有两层意思，一是结果的正确，另外一个是实现结果的过程本身所具有的正确性。"这是本项目组所赞同的观点。

项目组将执法的正当性评估细化为两个标准：一是从过程角度，考察执法授权过程的公众参与度；二是从结果角度，考察《吉林省安全生产条例》的实施是否有利于降低事故总量，是否有益于抑制违法行为。

2.1.2.1　《吉林省安全生产条例》制定过程中的公众参与程度

通过调查问卷对来社会公众的 90 位受访者进行了《吉林省安全生产条例》参与程度调查。问题是："据您了解，《吉林省安全生产条例》在制定过程中，公众的参与度如何？"有 90 位受访者返回了有效问卷。结果显示：有 3 人认为公众参与度非常高，有 17 人认为公众参与度比较高，有 33 人认为公众参与度一般，有 21 人认为公众参与度比较低，有 15 人认为公众参与度非常低。可见只有 22.1% 的受访者认为《吉林省安全生产条例》在制定过程中公众的参与程度比较高。

2.1.2.2 《吉林省安全生产条例》的实施能否降低事故总量

项目组通过调查问卷对来自安全生产监督管理部门执法人员共 75
名受访者进行了《吉林省安全生产条例》对降低本省事故总量有多大
作用的调查，问题："《吉林省安全生产条例》的实施对防止或减少吉
林省安全生产事故的作用有多大？"结果表明，有 35 人认为作用非常
大，有 29 人认为比较大，有 8 人认为作用一般。可见有 85.4% 的人
们认为《吉林省安全生产条例》的实施对防止或减少吉林省安全生产
事故的作用是比较大的。

2.1.2.3 《吉林省安全生产条例》的实施能否抑制违法行为

项目组通过调查问卷对安全生产监督管理部门 75 名受访者进行
了《吉林省安全生产条例》对安全生产违法行为影响的调查，调查
的问题是："条例的实施对防止和减少安全生产违法行为的作用有多
大？"结果表明，有 26 人认为作用非常大；有 28 认为比较大，有 17
认为作用一般，有 4 人认为不太大。可见有 72% 的人认为《吉林省
安全生产条例》的实施对安全生产违法行为的抑制作用是比较大的。

2.1.3　执法的可行性评估

2.1.3.1　执法人员配置情况

执法人员配置充足，才能保障执法的有效进行。项目组针对 75
名安全生产监督管理部门的执法人员发放了问卷调查行政执法人员配
置情况，问题是："您认为行政执法人员配置是否充足？"75 名受访

者都返回了有效问卷。结果显示：认为行政执法人员配置非常充足的有 11 人，有效百分比为 14.7%；认为行政执法人员配置比较充足的有 6 人，有效百分比为 8%；一般的有 21 人，占 28%；不太充足的有 19 人，有效百分比为 26.4%；非常不充足的有 18 人，有效百分比为 24%。可见 87.3% 的受访者认为行政执法人员配置不够充足。行政执法人员配置不充足就很难保障法律的具体实施，即使法律得以实施，也不能保证法律的效能，会导致效率低下，进而影响法律的实效。因此安全生产监督管理部门应该组织选拔优秀人才扩充执法队伍，在扩充队伍的同时要防止人员冗杂和机构臃肿，确保行政执法人员配置合理，保障法律的实施。

2.1.3.2　与上位法匹配程度

《吉林省安全生产条例》是 2005 年 3 月 31 日吉林省第十届人民代表大会常务委员会第十九次会议通过，自 2005 年 6 月 1 日起施行。如果地方性法规与上位法存在不匹配、不适应的情况，不仅《吉林省安全生产条例》相关规定将失去效力，也将给执法部门的执法活动造成极大地困扰和不便。因此，《吉林省安全生产条例》是否与上位法相匹配，是执法可行性的重要条件之一。

调查问卷通过对来自不同的安全生产监督管理部门的工作人员 75 名受访者进行了《吉林省安全生产条例》与上位法匹配程度的主观评价调查。问题是："《吉林省安全生产条例》与《中华人民共和国安全生产法》的协调一致程度如何？"有 75 名受访者返回了有效问卷。结果显示：有 27 人认为协调程度非常一致，有 37 人认为比较一致，有 7 人认为协调程度一般，有 4 人认为不太一致。可见有 85.3% 的受访者认为《吉林省安全生产条例》与上位法的协调程度较高。

从上述数据可见，受调查的安全生产监督管理部门执法人员对

《吉林省安全生产条例》与上位法一致程度比较认可。这种一致性、协调性一方面保障了《吉林省安全生产条例》中条款的合法性，另一方面也为相关执法部门的执法活动提供了可行性保障。《吉林省安全生产条例》与上位法高度协调一致性使得执法部门完全可以依照《吉林省安全生产条例》的规定进行执法管理，而不必考虑《吉林省安全生产条例》是否与上位法一致，以及《吉林省安全生产条例》与上位法不一致时执法活动如何进行。因此，《吉林省安全生产条例》与上位法的高度协调一致性为执法部门的执法活动提供了可行性保证。

2.1.3.3　配套机制情况

《吉林省安全生产条例》的特色制度是建立了生产安全事故的应急救援制度，由县级以上人民政府组织有关部门制定本行政区域内重大、特大生产安全事故应急救援预案，建立应急救援体系，同时生产经营单位应当制定生产安全事故应急救援预案。《吉林省安全生产条例》第三十七、三十八条建立起生产安全事故的应急救援制度，这一制度的目的在于发生事故之后可以尽量迅速采取有效措施组织抢救，防止事故扩大，减少人员伤亡和财产损失。项目组通过问卷调查的形式对 75 名来自安全生产监督管理部门的执法人员进行了生产安全事故应急救援制度的调查，问题是："您认为创建生产安全事故应急救援制度对于防止事故扩大、减少人员伤亡和财产损失有多大作用？"结果表明，有 47 人认为作用非常大，有 17 人认为比较大，有 9 人认为作用一般，有 2 人认为不太大。可见有 85.3% 的人认为《吉林省安全生产条例》创建的安全生产事故应急救援制度的作用是比较大的。

2.1.3.4 弹性规定的合理性

《吉林省安全生产条例》中赋予了安全生产监督管理部门自由裁量的权力，执法部门可以根据违法情节的轻重，进行合理范围内的自由裁量。如条例的第四十五条规定：违反本条例第十八条规定，生产经营单位未为从业人员发放符合国家标准或者行业标准的劳动防护用品或者提供安全防护措施的，由县级以上人民政府安全生产监督管理部门责令限期改正。逾期未改正的，责令停止建设或者停产停业整顿；情节较轻的，并处三千元以上二万元以下的罚款；情节较重的，并处二万元以上五万元以下的罚款。造成严重后果构成犯罪的，依法追究刑事责任。其他赋予安全生产监督管理部门自由裁量权的条款还有第四十八、四十九、五十条。

项目组针对安全生产监督管理部门的受访者进行自由裁量权的问卷调查，问题是："《吉林省安全生产条例》赋予安全生产监督管理部门自由裁量的弹性程度如何？"共发放 75 份问卷，返回 75 份问卷。结果表明，有 16 人认为非常大；有 26 人认为比较大，有 21 人认为作用一般，有 8 人认为不太大，有 3 人认为非常小，1 人未回答。可见有 67.1% 的人认为《吉林省安全生产条例》赋予了比较有弹性的处罚权限。

从整体上看，安全生产监督管理部门在执行《吉林省安全生产条例》时是可行的，主要理由有：一是存在《吉林省安全生产条例》的配套机制，这为执法机构提供了制度保障；二是《吉林省安全生产条例》与上位法相协调，既为执法机构提供权限依据，同时又一定程度上限制了执法机构的权力，这为执法机构提供了法律保障；三是《吉林省安全生产条例》赋予了执法机构一定的自由裁量权，这为执法机构提供了程序保障。然而，执法人员配置显得不足，以及执法人员适用法规时候的首选也并非都是《吉林省安全生产条例》，这些都妨碍了执法机构有效执行《吉林省安全生产条例》。

2.1.4　执法的社会效果评估

执法的社会效果，即法的实现，是指通过执法、守法和法律监督的过程，达到法律设定的权利和义务的结果。法的实现是一项复杂的社会活动，其涉及法律法规本身，也与执法、司法紧密联系、甚至与社会环境也是息息相关。微观上，其以规定的权利义务的落实为标志；宏观上，其以立法目的的实现、法的价值的实现为标志。

项目组在对《吉林省安全生产条例》实现的可能性进行评估时，将实现的可能性指标分为以下四个方面：《吉林省安全生产条例》的实施对社会财产及权利的保障；《吉林省安全生产条例》的实施所得到的直接或间接经济效益；《吉林省安全生产条例》的实施对社会秩序和人的观念的影响；《吉林省安全生产条例》的实施对需要解决的问题、目标人群的需要的契合与满足度。法的实现是多重因素相互作用的综合结果，所以在评估时也需要对多个方面的相关因素给予一定的考量，而不能局限于《吉林省安全生产条例》本身。

2.1.4.1　保障人民群众生命和财产安全

《吉林省安全生产条例》的第一条明确了其立法目的："为了加强安全生产监督管理，防止和减少生产安全事故，保障人民群众生命和财产安全，促进经济发展。"可以说《吉林省安全生产条例》内容的设计也是紧紧围绕这一主旨展开的。该立法目的体现了三层含义，一是《吉林省安全生产条例》的直接目的是为了加强安全生产监督管理。二是加强安全生产监督管理的目的是防止和减少生产安全事故。三是最终目的是为了保障人民群众生命和财产安全，促进经济发展。因此评估《吉林省安全生产条例》实施是否对人民群众生命和社会财产安全给予保障就是看《吉林省安全生产条例》的实施是否能够减少、降低生产安全事故。

　　项目组通过调查问卷对来自安全生产监督管理部门、生产经营单位、社会公众共 265 名受访者进行了《吉林省安全生产条例》对降低本省事故总量有多大作用的调查，问题："《吉林省安全生产条例》的实施对防止或减少吉林省安全生产事故的作用有多大？"结果表明，有 75 人认为作用非常大，有 127 人认为比较大，有 17 人认为作用一般，有 29 人认为不太大，有 17 人未回答。可见有 76.2% 的执法者及经营者与公众认为《吉林省安全生产条例》的实施对防止或减少吉林省安全生产事故的作用是比较大的。

2.1.4.2　促进直接和间接经济效益

2.1.4.2.1　直接经济效益

　　从长远角度讲，生产经营单位在安全生产部分增加投入就能减少生产安全事故并能使生产有序进行，并且为了使得生产经营单位在生产过程中执行相关的生产安全制度，《吉林省安全生产条例》也设置了一些法律责任条款，虽然增加了生产经营单位的管理成本与违法成本，但是却在总体上提高了生产经营单位的责任心，坚持了安全发展、确保安全生产。

2.1.4.2.2　间接经济效益

　　当然，《吉林省安全生产条例》间接经济效益的实现，是通过间接方式完成的。虽然无法直接衡量这些经济效益，但是我们不能否定这些经济效益的存在，且其与上述《吉林省安全生产条例》的目的的实现紧密相关。《吉林省安全生产条例》的实施对生产经营单位的安全发展越是明显，其实现的间接经济效益也越大。

　　《吉林省安全生产条例》的实施对生产经营单位违法行为的降低

也会产生间接经济效益。项目组通过调查问卷对安全生产监督管理部门、生产经营单位等主体的 175 名受访者进行了《吉林省安全生产条例》对安全生产违法行为影响的调查，调查的问题是："条例的实施对防止和减少安全生产违法行为的作用有多大？"结果表明，有 72 人认为作用非常大，有 70 人认为比较大，有 24 人认为作用一般，有 8 人认为不太大，有 1 人未回答。可见有 81.1% 的人认为《吉林省安全生产条例》的实施对安全生产违法行为的抑制的作用是比较大的。

2.1.4.3　对社会秩序和观念的影响

《吉林省安全生产条例》作为一个针对专业领域的地方性法规，其对社会秩序和人的观念的影响，我们不能有太高的奢望，因为其受到法律位阶和内容的局限。其对社会秩序和人的观念的影响，也应该局限在安全生产领域。

2.1.4.3.1　对社会秩序的影响

《吉林省安全生产条例》的第一条就表明其目的是为了加强安全生产监督管理，防止和减少生产安全事故，保障人民群众生命和财产安全，促进经济发展，因此其对其他社会秩序的影响应当是极其微弱的。然而即使是针对安全生产的领域，秩序的好坏也没有标准的尺度来衡量，也没有可以参考的客观指标，所以对社会秩序的判断，大部分还是来自市场主体和执法者的主观感受。违法行为的减少是社会秩序重要标志。前文已经提到项目组对安全生产监督管理部门、生产经营单位等人员进行了《吉林省安全生产条例》的实施对防止和减少安全生产违法行为的作用影响的问卷调查，调查结果显示有 94.9% 的人认可《吉林省安全生产条例》的实施对减少安全生产违法有一定作用，81.1% 的人认为显著作用。因此，《吉林省安全生产条例》的实施对社会秩序的维护是有一定影响的。另外，《吉林省安全生产条例》制定颁布之后，要想实现符合其立法目的的法律秩序，必须要有与之相适应的执法制度和与其内容相配的社会环境。

2.1.4.3.2　对社会观念的影响

法律规范对社会观念的影响，主要表现为法律法规被个人所认知、了解，当其遇到相关问题的时候，有运用和遵守该法律法规的意识。就《吉林省安全生产条例》而言，这里主要是指生产经营单位。此外《吉林省安全生产条例》作为地方性法规，其与其他相关法律法规共同组成了安全生产监督管理的法律体系，社会观念转变很难确定其是否来源于某一部特定的法律或法规，除非对社会某个特定观念产生影响的法律规定，只存在于某一单独的法律法规中。然而，虽然《吉林省安全生产条例》中有些具有吉林特色的规定，但是安全生产监督管理的绝大部分问题在上位法中都有明确的规定，因此对社会观念的影响评估具有较大的局限性。

评估《吉林省安全生产条例》的实施对社会观念的影响，主要有三个参考指标，一是公众对《吉林省安全生产条例》的内容的熟悉程度。熟悉程度在一定程度上反映了《吉林省安全生产条例》对社会公众的重要性和普及性，也反映了《吉林省安全生产条例》对社会公众的影响力。二是《吉林省安全生产条例》的宣传力度。一定程度的宣传，会潜移默化的影响公众的相关行为，宣传力度越大、宣传频率越高，对公众观念的影响越大。三是社会公众自觉适用和遵守《吉林省安全生产条例》的程度。个人的行为直接反映了其思想观念，其遵守《吉林省安全生产条例》的行为程度就表明其受《吉林省安全生产条例》的影响程度。

项目组的调查问卷对来自安全生产监督管理部门及生产经营单位共175名受访者进行了条例了解程度的调查。安全生产监督管理部门及其执法人员对《吉林省安全生产条例》的了解程度是确保安全生产执法的前提，也是提高其执法积极性的基础。在对各级地方安全生产监督管理部门及相关部门执法人员所做的调查中，其对《吉林省安全生产条例》的了解程度较高。在参与调查的75名地方安全生产监督管理部门及相关部门执法人员中，对《吉林省安全生产条例》"非常了解"的20人，占总数的26.7%；"比较了解"的37人，占总数的49.3%；"一般"的18人，占总数的24%。了解程度大多集中在"非常了解"和"比较了解"中，了解程度较高的主体占76%。参与调研的地方安全生产监督管理部门对《吉林省安全生产条例》所涉及的安全生产监管的职责、重大危险源备案制度、事故隐患排查制度、生产安全事故的应急救援制度以及相关的法律责任非常熟悉。综上可见，安全生产监督管理部门及其执法人员对《吉林省安全生产条例》具有很高的了解程度，这有助于执法过程中依法行政，切实处理好与生产经营单位之间的矛盾纠纷，保护其合法权益，确保《吉林省安全生产条例》的正确实施和适用，增强法的权威性。受访者个人对《吉林省安全生产条例》的了解程度是非常高的，进而可以推定《吉林省安全生产条例》对个人行为的影响也是较高的。

项目组对来自生产经营单位的管理者及员工的100名受访者进行了《吉林省安全生产条例》宣传力度的问卷调查。问题是："您对《吉林省安全生产条例》宣传力度做何种评价？"100名受访者返回了有效问卷。结果显示：认为《吉林省安全生产条例》的宣传力度非常大的38人，有效百分比为38%；比较大的有43人，有效百分比为43%；一般的有16人，有效百分比为16%；比较弱的有2人，有效百分比为2%；未回答有1人，有效百分比为1%。可见，有81%的相关人员认为《吉林省安全生产条例》的宣传力度比较大，有97%的人认为《吉林省安全生产条例》有一定的宣传力度，可见《吉林省安全生产条例》的宣传力度非常强。

项目组同时对生产经营单位管理人员 50 名受访者进行了《吉林省安全生产条例》适用自觉性的问卷调查。问题是："在生产经营活动中，您主要依据哪部法律法规来规范自身行为？"有 50 名受访者返回了有效问卷。结果显示：认为主要适用《中华人民共和国安全生产法》的有 30 人，认为主要适用国务院行政法规的有 3 人，认为主要适用《吉林省安全生产条例》的有 16 人，认为主要适用安监局总局令的有 1 人，可见《吉林省安全生产条例》对行为人来说有一定的主动适用性，说明条例对个人观念的影响是比较大的。

2.1.4.4　与经济社会发展水平相协调

《吉林省安全生产条例》实施的主要目的是加强安全生产工作，防止和减少生产安全事故，保障人民群众生命和财产安全，促进经济社会持续健康发展。评估《吉林省安全生产条例》的实施对目标和目标人群的契合和满足度，主要从《吉林省安全生产条例》的实施与经济社会发展水平的协调性考察。

经济社会发展水平是人类需求的重要决定因素和制约因素，探讨目标人群需要的契合和满足度，可以直接考察《吉林省安全生产条例》实施与社会经济发展水平的协调性。项目组通过调查问卷对来自安全生产监督管理部门、生产经营单位共 175 名受访者进行了《吉林省安全生产条例》与经济社会发展水平协调性调查，调查的问题是："从整体来看，《吉林省安全生产条例》与吉林省经济社会发展状况的匹配程度如何？"最终返回了 175 份有效问卷。结果显示：有 58 人认为匹配程度非常一致；有 81 人认为比较一致，有 24 人认为匹配程度一般，有 3 人认为不太一致，有 1 人认为非常不一致，有 7 人未回答。可见有 79.4% 的行为人认为《吉林省安全生产条例》与经济社会发展状况的匹配程度较高。因此《吉林省安全生产条例》总体上是与吉林省经济社会发展状况相配的，这说明《吉林省安全生产条例》的实施与需求具有一定的契合性。

2.2　守法效果评估

守法效果评估主要是对《吉林省安全生产条例》涉及的生产经营单位的管理人员、一线职工及社会公众遵守法律的情况进行评估。分为主动守法效果评估和被动守法效果评估。

2.2.1　主动守法效果

主动守法效果评估主要是考察生产经营单位及社会公众对《吉林省安全生产条例》的了解程度、接受程度和满意程度。

2.2.1.1　行为人对《吉林省安全生产条例》的了解程度

《吉林省安全生产条例》实施至今已经十一年，在各部门宣传教育以及媒体宣传报道下，得到了相关群体的广泛关注。在对生产经营单位管理者、企业的一线职工以及社会公众所做的调查中，对《吉林省安全生产条例》的了解程度达到一般及以上的百分比均超过70%，其中以生产经营单位的管理者为最优，企业的一线职工了解程度较高，而普通的社会公众了解程度相对较低。总体来看，《吉林省安全生产条例》整体普及率较好，但仍有较大提升空间，尤其要注意对企业一线职工的宣传普及工作。

2.2.1.1.1 生产经营单位管理者对《吉林省安全生产条例》的了解程度

生产经营单位管理者包括主要负责人、分管负责人、其他主管人员、安全生产管理人员，在统计时没有区分，统一作为生产经营单位管理者计入比率。生产经营单位管理者对《吉林省安全生产条例》的了解程度较高。在参与调查的 50 名生产经营单位管理者中，对《吉林省安全生产条例》"非常了解"的 16 人，占总数的 32%；"比较了解"的 20 人，占总数的 40%；"一般"的 14 人，占总数的 28%。了解程度大多集中在"比较了解"和"一般"中，了解程度较高的主体占 72%。参与调研的生产经营单位等管理者对《吉林省安全生产条例》所涉及的保障安全生产条件的资金投入、建设"三同时"制度、警示标志的设置、相关的法律责任非常熟悉。综上可见，《吉林省安全生产条例》在生产经营单位管理者中了解程度较好。

2.2.1.1.2 企业一线职工对《吉林省安全生产条例》的了解程度

企业一线职工对《吉林省安全生产条例》的了解程度较高。在参与调查的 50 名企业一线职工中，对《吉林省安全生产条例》"非常了解"的 12 人，占总数的 24.5%；"比较了解"的 21 人，占总数的 42.9%；"一般"的 16 人，占总数的 32.7%。了解程度大多集中在"比较了解"和"一般"中，了解程度较高的主体占 67.4%。参与调研的企业一线职工对《吉林省安全生产条例》所涉及的劳动合同中的内容、单位是否有紧急疏散出口、不得强令从业人员冒险作业、单位提供劳动防护用品非常熟悉。综上可见，《吉林省安全生产条例》在企业一线职工中了解程度较好。

2.2.1.1.3 社会公众对《吉林省安全生产条例》的了解程度

社会公众对《吉林省安全生产条例》的了解程度一般。在参与调

查的 90 名社会公众中，对《吉林省安全生产条例》"非常了解"的 5
人，占总数的 5.5%；"比较了解"的 33 人，占总数的 36.7%；"一
般"的 13 人，占总数的 14.4%；"比较不了解"的 39 人，占总数的
43.3%。了解程度大多集中在"比较不了解"和"一般"中，了解程
度较高的主体占 42.2%。参与调研的社会公众对《吉林省安全生产条
例》所涉及的提高人们的安全生产意识、发现事故隐患或者安全生产
有违法行为时候的做法有一定概念。综上可见，《吉林省安全生产条
例》在社会公众中了解程度较低。

2.2.1.2 行为人对《吉林省安全生产条例》的接受程度

行为人对《吉林省安全生产条例》的接受程度取决于执法部门对
《吉林省安全生产条例》的宣传力度、《吉林省安全生产条例》制定过
程中的公众参与程度和生产经营单位约束自己行为的适用性。

2.2.1.2.1 行政执法部门的宣传力度

对来自生产经营单位的管理者及员工的 100 名受访者进行了《吉
林省安全生产条例》宣传力度的问卷调查。问题是："您对《吉林省
安全生产条例》宣传力度做何种评价？"100 名受访者返回了有效问
卷。结果显示：认为《吉林省安全生产条例》的宣传力度非常大的 38
人，有效百分比为 10%；比较大的有 43 人，有效百分比为 43%；一
般的有 16 人，有效百分比为 16%；比较弱的有 2 人，有效百分比为
2%。可见，有 81% 的相关人员认为《吉林省安全生产条例》的宣传
力度比较大，有 97% 的人认为《吉林省安全生产条例》有一定的宣
传力度，可见《吉林省安全生产条例》的宣传力度非常强。

2.2.1.2.2 《吉林省安全生产条例》制定过程中行为人参与程度

通过调查问卷对来自生产经营单位管理者及社会公众的140位受访者进行了《吉林省安全生产条例》参与程度调查。问题是："据您了解，《吉林省安全生产条例》在制定过程中，公众的参与度如何？"有140位受访者返回了有效问卷。结果显示：有8人认为公众参与度非常高，有42人认为公众参与度比较高，有43人认为公众参与度一般，有30人认为公众参与度比较低，有16人认为公众参与度非常低。可见只有35.7%的受访者认为《吉林省安全生产条例》在制定过程中相关的生产经营单位的主体参与程度比较高。

2.2.1.2.3　行为人适用《吉林省安全生产条例》的自觉性

对上述生产经营单位管理人员50名受访者进行了《吉林省安全生产条例》适用自觉性的问卷调查。问题是："在生产经营活动中，您主要依据哪部法律法规来规范自身行为？"有50名受访者返回了有效问卷。结果显示：认为主要适用《中华人民共和国安全生产法》的有30人，认为主要适用国务院行政法规的有3人，认为主要适用《吉林省安全生产条例》的有16人，认为主要适用安监局总局令的有1人，可见《吉林省安全生产条例》对行为人来说有一定的主动适用性。

2.2.1.3　行为人对《吉林省安全生产条例》的满意程度

行为人对《吉林省安全生产条例》的满意程度可以从以下几个方面去评估：一是行为人对《吉林省安全生产条例》与经济社会发展状况的匹配程度的主观评价；二是行为人对《吉林省安全生产条例》与上位法协调程度的主观评价；三是行为人对《吉林省安全生产条例》目标实现性的主观评价。

2.2.1.3.1　行为人对《吉林省安全生产条例》与经济社会发展状况匹配程度的主观评价

调查问卷通过对来自不同的生产经营单位的管理者及一线职工的100名受访者进行了《吉林省安全生产条例》与经济社会发展状况匹配程度的主观性评价调查。问题是："从整体来看，《吉林省安全生产条例》与吉林省经济社会发展状况的匹配程度如何？"有100名受访者返回了有效问卷。结果显示：有34人认为匹配程度非常一致，有49人认为比较一致，有8人认为匹配程度一般，有2人认为不太一致，有1人认为非常不一致。可见有83%的行为人认为《吉林省安全生产条例》与经济社会发展状况的匹配程度较高。

2.2.1.3.2　行为人对《吉林省安全生产条例》与上位法协调程度的主观评价

调查问卷通过对来自不同的生产经营单位的管理者的50名受访者进行了《吉林省安全生产条例》与上位法匹配程度的主观评价调查。问题是："《吉林省安全生产条例》与《中华人民共和国安全生产法》的协调一致程度如何？"有50名受访者返回了有效问卷。结果显示：有18人认为协调程度非常一致，有22人认为比较一致，有8人认为协调程度一般，有2人认为不太一致。可见有80%的行为人认为《吉林省安全生产条例》与上位法的协调程度较高。

2.2.1.3.3　行为人对《吉林省安全生产条例》立法预期实现程度的主观评价

调查问卷通过对来自不同的生产经营单位的管理者及一线职工的100名受访者进行了《吉林省安全生产条例》目标实现性的主观性评价调查。问题是："《吉林省安全生产条例》实施后，您所在企业的安全生产状况有何变化？"有100名受访者返回了有效问卷。结果显示：有 37 人认为《吉林省安全生产条例》实施之后企业安全生产状况明显好转，有 53 人认为有所好转，有 2 人认为没有好转，有 8 人认为没有变化。可见有 90% 的行为人认为《吉林省安全生产条例》对企业的安全生产状况提高有帮助。

2.2.2　被动守法效果

被动守法效果分析主要从《吉林省安全生产条例》对行为人观念和行为影响程度、违法的成本两个方面进行。

2.2.2.1　《吉林省安全生产条例》对行为人观念与行为的影响

2.2.2.1.1　《吉林省安全生产条例》对行为人观念的影响

评估《吉林省安全生产条例》对行为人观念的影响，主要有三个参考指标：一是行为人对《吉林省安全生产条例》内容的熟悉程度；二是《吉林省安全生产条例》的宣传力度；三是行为人自觉适用遵守《吉林省安全生产条例》的程度。通过问卷对上述三个指标进行了统计，结果显示有 76% 的行为人对《吉林省安全生产条例》的熟悉程度较高，有 100% 的人对《吉林省安全生产条例》有一定程度的了解。56% 的人员认为《吉林省安全生产条例》的宣传力度比较大，有 93.4% 的认为《吉林省安全生产条例》有一定宣传力度。有 13% 的人倾向于适用《吉林省安全生产条例》。综合上述指标可知，《吉林省安全生产条例》对行为人的观念存在一定程度的影响，但是影响力较弱。

2.2.2.1.2 《吉林省安全生产条例》对行为人行为的影响

法律的作用在于规范人的行为，约束其按照法律规定的方式开展活动。评估《吉林省安全生产条例》对行为人行为的影响需要考察行为人遵守《吉林省安全生产条例》各项条款的情况，包括对行为人总体违法行为的评价。从前期的调研和论证的结果看，问卷调查："您认为《吉林省安全生产条例》实施后的企业、企业负责人和其他从业人员的安全生产意识有何变化？"接到问卷的共 100 名受访者，返回了 100 份有效问卷，结果显示：有 52 人认为《吉林省安全生产条例》实施之后企业安全生产状况明显好转，有 38 人认为有所好转，有 10 人认为没有好转，有 1 人认为没有变化。可见有 90% 的行为人认为《吉林省安全生产条例》对提高企业人员的安全生产意识有帮助。

2.2.2.2　违法的成本分析

生产经营单位的违法成本分析主要从主要法律责任条款规定的合理性来进行考察。考虑到违法成本的主观性评价受到责任主体承受能力的影响，非责任主体的主观评价会存在较大误差，因此问卷调查的对象限于生产经营单位的管理者，分别对各项法律责任条款的规定由生产经营单位的管理者进行合理性主观评价，目的在于探讨生产经营单位主体对法律责任合理性的基本态度，进而确定生产经营单位对于这些具体规定所折射出的违法成本的接受程度。

在对生产经营单位管理者的问卷调查中，认为《吉林省安全生产条例》第四十五条"生产经营单位未为从业人员发放符合国家标准或者行业标准的劳动防护用品或者提供安全防护措施的，由县级以上人民政府安全生产监督管理部门责令限期改正。逾期未改正的，责令停止建设或者停产停业整顿，情节较轻的，并处三千元以上二万元以下的罚款；情节较重的，并处二万元以上五万元以下的罚款。造成严重后果构成犯罪的，依法追究刑事责任"非常合理和比较合理的为78.2%。

认为《吉林省安全生产条例》第四十六条规定的"生产、经营、储存、使用危险物品单位的生产区域、生活区域、储存区域未按照规定保持安全距离的，由县级以上人民政府安全生产监督管理部门责令限期改正；逾期未改正的，责令停产、停业整顿；造成严重后果构成犯罪的，依法追究刑事责任"非常合理和比较合理的为68%。

认为《吉林省安全生产条例》第四十七条规定的"生产经营单位对重大、特大事故隐患未按规定期限完成整改的，由县级以上人民政府安全生产监督管理部门责令暂时停产、停业或者停止使用；对拒不停产、停业或者停止使用的，可以依法申请人民法院强制执行"非常合理和比较合理的为82.3%。

认为《吉林省安全生产条例》第四十八条规定的"发生事故的生产经营单位故意伪造、破坏事故现场或者毁灭证据的，由公安机关依据有关法律、法规对有关人员予以处罚；构成犯罪的，依法追究刑事责任"非常合理和比较合理的为76.4%。

认为《吉林省安全生产条例》第五十条规定的"生产经营单位的负责人对发生生产安全事故负有全面责任、直接责任的，依法给予行政处分或者罚款；构成犯罪的，依法追究刑事责任"非常合理和比较合理的为76.5%。

以上数据表明，生产经营单位对《吉林省安全生产条例》的责任评价基本集中于非常合理或比较合理，说明生产经营单位普遍认为《吉林省安全生产条例》对其法律责任规范较为合理，即生产经营单位认可《吉林省安全生产条例》责任承担方式，愿意在合理的法律空间内行使权利、履行义务，其认为守法成本较为合理。

3.《吉林省安全生产条例》评估结论

3.1 《吉林省安全生产条例》立法质量总体评价

3.1.1 《吉林省安全生产条例》立法形式总体评价

在对《吉林省安全生产条例》的立法形式评估部分，本项目组认为：

第一，《吉林省安全生产条例》的立法主体是在法定权限范围内行使立法权，具有合法性；

第二，《吉林省安全生产条例》在制定程序方面，遵循了《立法法》的相关规定，制定程序完善，具有合法性；

第三，在体例安排上，《吉林省安全生产条例》采取分章结构，安排基本科学，每一法条之间的衔接基本合理；

第四，在立法技术层面上，《吉林省安全生产条例》采取的立法语言表述上还可以进一步推敲。

3.1.2 《吉林省安全生产条例》立法内容总体评价

是否需要废止	情况说明
国家法律、行政法规已经废止	
立法背景发生变化，调整对象已经消失，内容已经不符合经济社会发展实际情况	
法律、行政法规修改后，需要废止原法规，重新制定新法规	《吉林省安全生产条例》于 2005 年通过实施。《吉林省安全生产条例》实施之后，全国人大常委会已对《安全生产法》进行了两次修改（2009 年 8 月 27 日第一次修正；2014 年 8 月 31 日第二次修正）。

合法性	情况说明
法规制定所依据的法律、行政法规是否已经修改	《吉林省安全生产条例》（2005 年）制定时依据全国人大常委会通过的《安全生产法》（2002 年，已修改）。
《安全生产法》（2002 年实施，2009 年 8 月 27 日第一次修正；2014 年 8 月 31 日第二次修正）。	
创制性法规和法规中的创制性规定，是否符合法律的基本原则和精神	《吉林省安全生产条例》制定较早，有部分创制性规定（如政府职责分工），但《安全生产法》在 2014 年修改时，增加了新的法律理念与原则（方针），早期的创制性规定与现在的法律精神和原则有所差别。
行政许可的设定和实施，是否符合法律规定	《吉林省安全生产条例》第 14 条第二款规定了行政许可的设定与实施依照《安全生产许可证条例》；第 36 条中介机构在其资质许可范围内从事相关服务，符合法律规定。
行政处罚的设定和实施，是否符合法律规定	《吉林省安全生产条例》中多处关于罚款的数额、行政处罚的情节、行政处罚的执法力度与《安全生产法》的规定不一致。
行政强制措施的设定和实施，是否符合法律规定	《吉林省安全生产条例》不涉及此部分内容。

适当性	情况说明
法规细化法律、行政法规的内容是否准确	《吉林省安全生产条例》制定较早，对于目前《安全生产法》重点章节细化不足，尤其是事故报告和事故处理，只做了原则性规定。
制度设计是否适应社会发展和社会主义市场经济的要求，是否已经改革	《吉林省安全生产条例》颁布时间较早，与《安全生产法》修改后的内容有较多不一致，已不适应当前快速的社会发展、社会主义市场经济和安全生产的要求。
对公民权利、义务的规定，对国家机关权力、责任的规定，是否合理、适当	《吉林省安全生产条例》颁布时间较早，与《安全生产法》中对生产经营单位权利、义务的规定和对国家机关权力、责任的规定不一致，内容已不适当。
行政许可、行政审批，是否已经清理或者下放	《吉林省安全生产条例》第28条关于矿山建设项目和生产、储存危险品建设项目的安全评价审批已经修改，《安全生产法》扩大了安全评价的审批范围，缩减了安全评价项目的审批。
行政处罚是否合理、适当	《吉林省安全生产条例》颁布时间较早，与《安全生产法》中行政处罚的情节与力度不一致，行政处罚的设定已不适当。

实效性	情况说明
执法体制、机制和措施是否明确具体，是否具有可操作性	《吉林省安全生产条例》颁布时间较早，对执法体制、机制、措施只做了原则性的规定，不具有操作性。
法规内容是否适应新时期我省经济社会发展和依法治省的需要，能否解决实际问题，是否真正管用有效	《吉林省安全生产条例》的内容不适应新时期我省经济社会发展和依法治省的需要，《安全生产法》进行了重大修改，完善了安全生产制度，进行了更加细化的分工和责任的落实，《吉林省安全生产条例》也需要做出相应的调整与修改才能符合实际需要。

协调性	情况说明
法规内容是否与其他法规相协调、相衔接，是否有矛盾的情况	《吉林省安全生产条例》的立法目的（第一条）、适用范围（第二条）、工作方针（第三条）、政府监管职责的分工（第六条、第七条、第八条）、安全生产保障的管理机构与管理人员的配备（第十三条）、隐患排查方式与监督（第二十九条）、事故报告制度（第四十条）、事故调查制度（第四十三条）、出具虚假证明的罚款数额（第四十九条）、主要负责人的责任（第五十条）等，都与《安全生产法》的规定有较大的不同。
授权政府出台的规范性文件是否出台	
其内容与地方性法规和授权原意是否一致	《吉林省安全生产条例》不涉及此部分内容。

技术性	情况说明
所引用的法律、行政法规名称是否已经改变	《吉林省安全生产条例》不涉及此部分内容。
是否符合立法技术规范要求，逻辑是否严密，体例选择和章节设置是否科学合理，文字表述是否准确简洁	《吉林省安全生产条例》颁布时间较早，与《安全生产法》体例设置基本一致，但内容上存在较多的不一致，逻辑不严密，存在不符合立法技术规范要求的情况。

3.2　《吉林省安全生产条例》实施效果总体评价

3.2.1　《吉林省安全生产条例》执法效果总体评价

执法评估是《吉林省安全生产条例》实施效果评估的重点内容。项目组针对《吉林省安全生产条例》在执法过程中的实施效果分别得出四点结论。

第一，在执法的积极性方面，安全监督管理部门及具体执法人员对《吉林省安全生产条例》的了解、认可程度较高，具备较强的执法积极性。

第二，在执法的正当性方面，项目组认为，《吉林省安全生产条例》在执法目的、执法主体、执法程序、执法过程中具有正当性。裁量权较为规范，但可以进一步改进与完善。

第三，在执法的可行性方面，项目组认为，当前影响《吉林省安全生产条例》实施效果的主要因素是执法人员配置不足。《吉林省安全生产条例》的配套实施机制较为完善，实施的内外监督机制基本建立。

第四，在执法的实现可能性方面，项目组认为，《吉林省安全生产条例》通过加强安全生产管理，防止和减少了生产安全事故，保障人民群众生命和财产安全，促进了经济发展。《吉林省安全生产条例》在整体上与立法目标、社会需求的契合度和满意度较高。在安全生产监督管理部门对生产经营单位在安全生产方面违法行为的处罚中，《吉林省安全生产条例》具有一定的适用性。

3.2.2　《吉林省安全生产条例》守法效果总体评价

项目组认为，《吉林省安全生产条例》实施以来，生产经营单位普遍能够依据《吉林省安全生产条例》规范和约束自身的生产。生产经营单位的管理人员及一线职工对《吉林省安全生产条例》的了解和认可度较高，其普遍认可了《吉林省安全生产条例》与上位法、经济社会发展水平的协调一致性。也普遍认为《吉林省安全生产条例》基本实现了其立法目的。生产经营单位的管理人员及一线职工普遍认为《吉林省安全生产条例》的法律责任设置合理，对各方人员有一定的约束力，但处罚力度中等偏低。

3.3 修订《吉林省安全生产条例》的主要建议

3.3.1 关于安全生产工作责任和监督管理分工的建议

2005 年发布的《吉林省安全生产条例》第七条规定："县级以上人民政府安全生产监督管理部门对本行政区域内安全生产工作实施综合监督管理，指导、协调和监督其他负有安全生产监督管理职责的部门依法履行安全生产监督管理职责。县级以上人民政府其他有关部门依法在各自的职责范围内对有关的安全生产工作实施监督管理。"

这里只规定了领导责任，但对某行业、某领域的安全生产工作由谁负全责，谁负责实施直接监督管理责任未作规定，导致出现事故责任不清情况。在调研中，问卷调查设计的问题是："您认为《吉林省安全生产条例》对安全生产综合监管与专项监管的职责划分是否明确、合理？"接受问卷的安全生产监督管理部门的执法人员共 90 人，返回有效问卷 90 份，认为明确且合理的为 5 人，比较明确合理的 15 人，不明确不合理的为 65 人，不清楚的为 5 人，可见有 72.2% 的安全生产监督管理部门人员对于综合监管与专项监管的职责划分不满意。针对该问题进行了访谈，访谈对象为安全生产监督管理部门的人员与相关专家，就相关区域、相关部门安全生产工作责任和监督管理工作分工进行访谈，综合访谈意见，同时依据《安全生产法》提出对《吉林省安全生产条例》第七条的修改建议，依据《安全生产法》第九条"国务院安全生产监督管理部门依照本法，对全国安全生产工作实施综合监督管理；县级以上地方各级人民政府安全生产监督管理部门依照本法，对本行政区域内安全生产工作实施综合监督管理。国务院有关部门依照本法和其他有关法律、行政法规的规定，在各自的职责范围内对有关行业、领域的安全生产工作实施监督管理；县级以上地方各级人民政府有关部门依照本法和其他有关法律、法规的规定，在各自的职责范围内对有关行业、领域的安全生产工作实施监督管理。安全生产监督管理部门和对有关行业、领域的安全生产工作实施监督管理的部门，统称负有安全生产监督管理职责的部门。"《安全生产监管监察职责和行政执法责任追究的暂行规定》（总局令24号）第五条"县级以上人民政府安全生产监督管理部门依法对本行政区域内安全生产工作实施综合监督管理，指导协调和监督检查本级人民政府有关部门依法履行安全生产监督管理职责；对本行政区域内没有其他行政主管部门负责安全生产监督管理的生产经营单位实施安全生产监督管理；对下级人民政府安全生产工作进行监督检查。"《吉林省人民政府办公厅关于印发吉林省安全生产监督管理局主要职责内设机构和人员编制规定的通知》（吉政办发〔2009〕37号）"主要职责（二）承担全省安全生产综合监督管理责任，依法行使综合监督管理职权；指导协调、监督检查省政府有关部门和各市（州）人民政府安全生产工作，监督考核并通报安全生产控制指标执行情况，监督事故查处和责任追究落实情况。"《国务院办公厅关于加强安全生产监管执法的通知》（国办发〔2015〕20号）"（四）建立完善安全监管责任制。依法加快建立生产经营单位负责、职工参与、政府监管、行业自律和社会监督的安全生产工作机制。全面建立'党政同责、一岗双责、齐抓共管'的安全生产责任体系，落实属地监管责任。负有安全生产监督管理职责的部门要加强对有关行业领域的监督管理，形成综合监管和行业监管合力，提高监管效能，切实做到管行业必须管安全、管业务必须管安全、管生产经营必须管安全。加强安全生产目标责任考核，各级安全生产监督管理部门要定期向同级组织部门报送安全生产情况，将其纳入领导干部政绩业绩考核内容，严格落实安全生产一票否决制度。"2014年《安全生产法》进行修改，《吉林省安全生产条例》是对《安全生产法》进行贯彻实施，安全生产监督管理应与修改后的《安全生产法》一致。故对原条例第七条进行修改。建议增加有关行业、领域安全生产监督管理责任的规定，这是习近平总书记讲话的会议精神在立法中的体现。

因此建议对《吉林省安全生产条例》第七条修改为以下三款：

"县级以上人民政府安全生产监督管理部门依法对本行政区域内的安全生产工作实施综合监督管理，指导协调、监督检查同级人民政府有关部门和下级人民政府履行安全生产监督管理职责。

县级以上人民政府行业主管部门（包括主管某领域的业务主管部门，下同）对本行业、本领域的安全生产工作负责并实施监督管理。

安全生产监督管理部门和对有关行业、领域的安全生产工作实施监督管理的部门，统称负有安全生产监督管理职责的部门。"

3.3.2 关于生产经营单位参加安全生产责任保险的建议

2005 年发布的《吉林省安全生产条例》第十五条规定："生产经营单位应当具备的安全生产条件所必需的资金投入，由生产经营单位的决策机构、主要负责人或者个人经营的投资人予以保证，并对由于安全生产所必需的资金投入不足导致的后果承担责任。

对矿山、建筑施工单位和危险化学品、烟花爆竹、民用爆破器材等生产单位实行安全费用提取制度。安全费用由企业自行提取，专户储存，专项用于安全生产。"

第二十条规定："生产经营单位必须依法参加工伤社会保险，为从业人员缴纳工伤保险费。"

针对企业的安全费用的使用以及职工参加工伤社会保险在实际的生产经营中是否能够解决发生事故后的伤亡赔偿问题，问卷调查设计的问题为：在《吉林省安全生产条例》修订征求意见中，有单位建议"矿山、冶金、城市轨道交通、建筑施工单位和用于生产、储存危险物品的单位应当参加安全生产责任保险"。您认为该建议是否科学、合理？问卷调查的对象为安全生产监督管理部门人员与生产经营单位管理人员共150人，认为科学合理的为78人，比较科学合理的为48，不科学不合理为18人，不清楚的为6人，可见84%的受访者认为特定的生产经营单位应该参加安全生产责任保险。

依据《安全生产法》第四十八条"生产经营单位必须依法参加工伤保险，为从业人员缴纳保险费"。《国务院办公厅关于加强安全生产监管执法的通知》（国办发〔2015〕）（十二）运用市场机制加强安全监管。在依法推进各类用人单位参加工伤保险的同时，鼓励企业投保安全生产责任保险，并理顺安全生产责任保险与风险抵押金的关系，推动建立社会商业保险机构参与安全监管的机制。要在长途客运、危险货物道路运输领域继续实施承运人责任保险制度的同时，进一步推动在煤矿、非煤矿山、危险化学品、烟花爆竹、建筑施工、民用爆炸物品、特种设备、金属冶炼与加工、水上运输等高危行业和重点领域实行安全生产责任保险制度，推动公共聚集场所和易燃易爆危险品生产、储存、运输、销售企业投保火灾公共责任保险。建立健全国家、省、市、县四级安全生产专家队伍和服务机制。培育扶持科研院所、行业协会、专业服务组织和注册安全工程师事务所参与安全生产工作，积极提供安全管理和技术服务。

2014年《安全生产法》进行修改，《吉林省安全生产条例》是对《安全生产法》进行贯彻实施，建议对此单独设条推行安全生产责任保险制度。

通过调研以及以上理由，评估报告建议对《吉林省安全生产条例》第十五条进行修改，修改为："推行安全生产责任保险制度。煤矿、非煤矿山、危险化学品、烟花爆竹、建筑施工、民用爆炸物品、特种设备、金属冶炼与加工、大型游乐设施、水上运输等高危行业和重点领域的生产经营单位，按照国家有关规定参加安全生产责任保险。

鼓励公共聚集场所和易燃易爆危险品生产、储存、运输、销售单位投保火灾公共责任保险。"

3.3.3 关于委托执法的建议

各类开发区、工业园区、工业集中区、高新技术产业区内，安全监管主体不明确，迫切需要进行委托执法。在调研中，调查问卷的问题为："针对各级政府安全监管职责，有单位建议在修订《吉林省安全生产条例》时，增加规定县级以上地方人民政府应当建立安全生产分工负责制度，增加乡镇人民政府和街道办事处根据本地区安全生产工作的需要，设立负责安全生产工作的机构，配备人员和必要的装备。您认为该建议是否科学、合理？"问卷调查的对象为安全生产监督管理部门人员，共 90 人返回有效问卷，认为科学合理的有 41人，比较科学合理的有 36 人，不科学合理的有 8 人，不清楚的有 5人。可见有 85.6% 的受访者认为具备法律规定条件的乡镇人民政府和街道办事处可以设立负责安全生产工作的机构并配备人员和必要的装备。在进行访谈时，访谈的对象是安全生产监督管理部门人员与专家，访谈的问题是："您认为如果有效地加强开发区、工业园区、工业集中区、高新技术产业区的安全监管责任？是否可委托具备法律规定条件的乡镇人民政府和街道办事处对安全生产违法行为实施行政处罚？"通过访谈，认为《吉林省安全生产条例》缺乏该部分内容，建议增加该部分内容。

依据《安全生产法》第八条："国务院和县级以上地方各级人民政府应当根据国民经济和社会发展规划制定安全生产规划，并组织实施。安全生产规划应当与城乡规划相衔接。国务院和县级以上地方各级人民政府应当加强对安全生产工作的领导，支持、督促各有关部门依法履行安全生产监督管理职责，建立健全安全生产工作协调机制，及时协调、解决安全生产监督管理中存在的重大问题。乡、镇人民政府以及街道办事处、开发区管理机构等地方人民政府的派出机关应当按照职责，加强对本行政区域内生产经营单位安全生产状况的监督检查，协助上级人民政府有关部门依法履行安全生产监督管理职责。"

第六十二条："安全生产监督管理部门和其他负有安全生产监督管理职责的部门依法开展安全生产行政执法工作，对生产经营单位执行有关安全生产的法律、法规和国家标准或者行业标准的情况进行监督检查，行使以下职权：（一）进入生产经营单位进行检查，调阅有关资料，向有关单位和人员了解情况；（二）对检查中发现的安全生产违法行为，当场予以纠正或者要求限期改正；对依法应当给予行政处罚的行为，依照本法和其他有关法律、行政法规的规定做出行政处罚决定；（三）对检查中发现的事故隐患，应当责令立即排除；重大事故隐患排除前或者排除过程中无法保证安全的，应当责令从危险区域内撤出作业人员，责令暂时停产停业或者停止使用相关设施、设备；重大事故隐患排除后，经审查同意，方可恢复生产经营和使用；（四）对有根据认为不符合保障安全生产的国家标准或者行业标准的设施、设备、器材以及违法生产、储存、使用、经营、运输的危险物品予以查封或者扣押，对违法生产、储存、使用、经营危险物品的作业场所予以查封，并依法做出处理决定。监督检查不得影响被检查单位的正常生产经营活动。"《国务院办公厅关于加强安全生产监管执法的通知》（国办发〔2015〕20号）健全监管执法机构。2016年底前，所有的市、县级人民政府要健全安全生产监管执法机构，落实监管责任。地方各级人民政府要结合实际，强化安全生产基层执法力量，对安全生产监管人员结构进行调整，3年内实现专业监管人员配比不低于在职人员的 75%。各市、县级人民政府要通过探索实行派驻执法、跨区域执法、委托执法和政府购买服务等方式，加强和规范乡镇（街道）及各类经济开发区安全生产监管执法工作。

关于委托执法的相关规定，《吉林省安全生产条例》之中并没有相关规定，《安全生产法》赋予了地方委托执法的权利，同时国务院也对相关规定进行了细化，而且有许多省份也对委托执法做出了相关规定。

综合以上理由和专家建议，建议在条例修改中增加委托执法内容，具体条款可以这样设计：

"负有安全生产监督管理职责的部门可以根据工作需要，委托具备条件的乡、镇人民政府以及街道办事处实施安全生产行政执法。

委托部门应当规范委托事项、权责和程序，加强对接受委托单位行政执法人员的业务培训，并提供必备的执法条件。

乡、镇人民政府以及街道办事处以委托机关的名义在委托的权限内执法。任何单位或者个人对超出委托权限的违法行为，可以向委托部门报告、举报。委托部门应当及时组织核查，并依法处理。

前款规定的委托的具体事项、范围等，应当报同级政府法制机构审查。"

"开发区（园区）管理机构依法对本辖区内生产经营单位进行监督检查时，行使下列职权：

（一）进入生产经营单位进行检查，调阅有关资料，向有关单位和人员了解情况；

（二）检查中发现安全生产违法行为的，督促当场予以纠正或者要求限期改正；依法应当给予行政处罚的，建议负有安全生产监督管理职责的部门做出行政处罚；

（三）检查中发现事故隐患的，责令立即排除；生产经营单位拒不排除的，报告负有安全生产监督管理职责的部门；

（四）检查中发现重大事故隐患的，应当在责令立即排除的同时，报告负有安全生产监督管理职责的部门，由负有安全生产监督管理职责的部门采取必要的措施。

对前款规定的建议或者报告，负有安全生产监督管理职责的部门应当及时予以处理和答复。"

4.《吉林省安全生产条例》专家建议稿及修改说明

吉林省安全生产条例

第一章　总则

第一条【立法目的】　为了加强安全生产工作，防止和减少生产安全事故，保障人民群众生命和财产安全，促进经济社会持续健康发展，根据《中华人民共和国安全生产法》和有关法律、行政法规，结合本省实际，制定本条例。

修改说明：依据《安全生产法》第一条："为了加强安全生产工作，防止和减少生产安全事故，保障人民群众生命和财产安全，促进经济社会持续健康发展，制定本法。"

2014年《安全生产法》进行了修改，《吉林省安全生产条例》是对《安全生产法》进行贯彻实施，立法目的应与修改后的《安全生产法》一致，故对原条例第一条进行修改。

第二条【适用范围】　在本省行政区域内从事生产经营活动的单位（以下统称生产经营单位）的安全生产，适用本条例。

有关法律、行政法规对消防安全和交通安全、民用航空安全以及核与辐射安全、特种设备安全等另有规定的，适用其规定。

修改说明：依据《安全生产法》第二条："在中华人民共和国领域内从事生产经营活动的单位（以下统称生产经营单位）的安全生产，适用本法；有关法律、行政法规对消防安全和道路交通安全、铁路交通安全、水上交通安全、民用航空安全以及核与辐射安全、特种设备安全另有规定的，适用其规定。"《建筑法》第二条："在中华人民共和国境内从事建筑活动，实施对建筑活动的监督管理，应当遵守本法。本法所称建筑活动，是指各类房屋建筑及其附属设施的建造和与其配套的线路、管道、设备的安装活动。"

2014年《安全生产法》进行修改，《吉林省安全生产条例》是对《安全生产法》进行贯彻实施，适用范围应与修改后的《安全生产法》一致。将《安全生产法》第二条中的"道路交通安全、铁路交通安全、水上交通安全"统称为"交通安全"，同时在原条例第二条适用范围的基础上增加"核与辐射安全、特种设备安全"的除外规定。

第三条【基本方针、机制】 安全生产工作应当以人为本，坚持安全发展，坚持安全第一、预防为主、综合治理的方针。建立生产经营单位负责、职工参与、政府监管、行业自律和社会监督的机制。

修改说明：依据《安全生产法》第三条："安全生产工作应当以人为本，坚持安全发展，坚持安全第一、预防为主、综合治理的方针，强化和落实生产经营单位的主体责任，建立生产经营单位负责、职工参与、政府监管、行业自律和社会监督的机制。"

2014年《安全生产法》进行修改，《吉林省安全生产条例》是对《安全生产法》进行贯彻实施，工作方针应与修改后的《安全生产法》一致。故对原条例第三条的工作方针进行修改，增加工作机制的相关规定。建议稿的第三条与《安全生产法》的第三条有所不同，将《安全生产法》第三条中的"强化和落实生产经营单位的主体责任"一句归入修改建议稿的第四条。

第四条【生产经营单位责任】 生产经营单位应当严格落实安全生产的主体责任，加强安全生产管理，建立健全安全生产责任制度和安全生产规章制度，改善安全生产条件，全面推进以岗位达标、专业达标和企业达标为内容的安全生产标准化建设，确保安全生产。

生产经营单位的主要负责人对本单位的安全生产工作全面负责；其他分管负责人对分管工作范围内对应的安全生产工作承担相应职责。

修改说明：依据《安全生产法》第四条："生产经营单位必须遵守本法和其他有关安全生产的法律、法规，加强安全生产管理，建立、健全安全生产责任制和安全生产规章制度，改善安全生产条件，推进安全生产标准化建设，提高安全生产水平，确保安全生产。"第五条"生产经营单位的主要负责人对本单位的安全生产工作全面负责。"

2014年《安全生产法》进行修改，《吉林省安全生产条例》是对《安全生产法》进行贯彻实施，安全生产经营单位的责任应与修改后的《安全生产法》一致。故对原条例第四条进行修改，增加生产经营单位的安全规章制度，完善责任人的相关规定。建议稿的第四条包含了《安全生产法》第四条、第五条的相关内容。

第五条【政府责任】 县级以上人民政府应当根据国民经济和社会发展规划制定安全生产规划，并组织实施。安全生产规划应当与城乡规划及其他相关专项规划相衔接。

县级以上人民政府应当加强对安全生产工作的领导，支持、督促各有关部门依法履行安全生产监督管理职责，建立健全安全生产工作协调机制，统筹协调本行政区域内安全生产工作的重大事项。

乡、镇人民政府以及街道办事处、开发区管理机构等地方人民政府派出机关应当按照职责，对所辖区域内生产经营单位安全生产状况实施监督检查，协助上级人民政府有关部门依法履行安全生产监督管理职责。

修改说明：依据《安全生产法》第八条："国务院和县级以上地方各级人民政府应当根据国民经济和社会发展规划制定安全生产规划，并组织实施。安全生产规划应当与城乡规划相衔接。国务院和县级以上地方各级人民政府应当加强对安全生产工作的领导，支持、督促各有关部门依法履行安全生产监督管理职责，建立健全安全生产工作协调机制，及时协调、解决安全生产监督管理中存在的重大问题。乡、镇人民政府以及街道办事处、开发区管理机构等地方人民政府的派出机关应当按照职责，加强对本行政区域内生产经营单位安全生产状况的监督检查，协助上级人民政府有关部门依法履行安全生产监督管理职责。"

2014 年《安全生产法》进行修改，《吉林省安全生产条例》是对《安全生产法》进行贯彻实施，政府责任应与修改后的《安全生产法》一致。建议对原条例第六条、第八条进行合并与修改，同时将第六条第二款单独设条。建议稿第五条包含了原条例第六条、第八条的相关内容，增加了"安全生产规划与城乡规划及其他规划相衔接"的规定，修改了乡、镇人民政府及街道办事处、开发区管理机构等机关的职责。

第六条【综合监督管理，行业、领域监督管理】　县级以上人民政府安全生产监督管理部门依法对本行政区域内的安全生产工作实施综合监督管理，指导协调、监督检查同级人民政府有关部门和下级人民政府履行安全生产监督管理职责。

县级以上人民政府有关行业、领域的安全生产监督管理部门在各自的职责范围内对本行业、本领域的安全生产工作负责并实施监督管理。

安全生产监督管理部门和对有关行业、领域的安全生产工作实施监督管理的部门，统称负有安全生产监督管理职责的部门。

　　修改说明：依据《安全生产法》第九条："国务院安全生产监督管理部门依照本法，对全国安全生产工作实施综合监督管理；县级以上地方各级人民政府安全生产监督管理部门依照本法，对本行政区域内安全生产工作实施综合监督管理。国务院有关部门依照本法和其他有关法律、行政法规的规定，在各自的职责范围内对有关行业、领域的安全生产工作实施监督管理；县级以上地方各级人民政府有关部门依照本法和其他有关法律、法规的规定，在各自的职责范围内对有关行业、领域的安全生产工作实施监督管理。安全生产监督管理部门和对有关行业、领域的安全生产工作实施监督管理的部门，统称负有安全生产监督管理职责的部门。"《安全生产监管监察职责和行政执法责任追究的暂行规定》（总局令24号）第五条："县级以上人民政府安全生产监督管理部门依法对本行政区域内安全生产工作实施综合监督管理，指导协调和监督检查本级人民政府有关部门依法履行安全生产监督管理职责；对本行政区域内没有其他行政主管部门负责安全生产监督管理的生产经营单位实施安全生产监督管理；对下级人民政府安全生产工作进行监督检查。"《吉林省人民政府办公厅关于印发吉林省安全生产监督管理局主要职责内设机构和人员编制规定的通知》（吉政办发〔2009〕37号）"主要职责（二）承担全省安全生产综合监督管理责任，依法行使综合监督管理职权；指导协调、监督检查省政府有关部门和各市（州）人民政府安全生产工作，监督考核并通报安全生产控制指标执行情况，监督事故查处和责任追究落实情况。"《国务院办公厅关于加强安全生产监管执法的通知》（国办发〔2015〕20号）"（四）建立完善安全监管责任制。依法加快建立生产经营单位负责、职工参与、政府监管、行业自律和社会监督的安全生产工作机制。全面建立'党政同责、一岗双责、齐抓共管'的安全生产责任体系，落实属地监管责任。负有安全生产监督管理职责的部门要加强对有关行业领域的监督管理，形成综合监管和行业监管合力，提高监管效能，切实做到管行业必须管安全、管业务必须管安全、管生产经营必须管安全。加强安全生产目标责任考核，各级安全生产监督管理部门要定期向同级组织部门报送安全生产情况，将其纳入领导干部政绩业绩考核内容，严格落实安全生产一票否决制度。"

2014 年《安全生产法》进行修改，《吉林省安全生产条例》是对《安全生产法》进行贯彻实施，安全生产监督管理应与修改后的《安全生产法》一致。故对原条例第七条进行修改。建议稿增加有关行业、领域安全生产监督管理责任的规定，这是习近平总书记讲话的会议精神在立法中的体现。

第七条【政府、部门负责人责任】　县级以上人民政府及其有关部门的主要负责人是本地区、本部门安全生产第一责任人，应当定期研究部署安全生产工作，及时组织解决安全生产重点难点问题；其他分管负责人对分管工作范围内对应的安全生产工作承担相应职责。

修改说明：依据《国务院关于坚持科学发展安全发展促进安全生产形势持续稳定好转的意见》（国发〔2011〕40 号）"（十）强化地方人民政府安全监管责任。地方各级人民政府要健全完善安全生产责任制，把安全生产作为衡量地方经济发展、社会管理、文明建设成效的重要指标，切实履行属地管理职责，对辖区内各类企业包括中央、省属企业实施严格的安全生产监督检查和管理。严格落实地方行政首长安全生产第一责任人的责任，建立健全政府领导班子成员安全生产一岗双责制度。省、市、县级政府主要负责人要定期研究部署安全生产工作，组织解决安全生产重点难点问题。"

建议稿对原条例第五条进行修改，细化政府、部门负责人责任，将"全面领导责任"修改为"第一责任人"。

第八条【安全生产经费、项目计划】　县级以上人民政府应当将安全生产监督管理的业务（事业）经费列入同级财政预算。

县级以上人民政府有关行政主管部门应当在年度项目计划中安排

一定比例的安全生产专项资金，重点用于生产经营单位消除事故隐患、职业病危害防治、生产安全应急救援、安全生产技术改造和安全科学技术研究项目等。

修改说明：依据原《吉林省安全生产条例》第九条："县级以上人民政府应当将安全生产监督管理的业务（事业）经费列入同级财政预算。县级以上人民政府有关行政主管部门应当在年度项目计划中安排一定比例的资金，重点支持生产经营单位消除事故隐患、防治职业危害、生产安全应急救援、实施安全生产技术改造和安全科学技术研究项目。"

这是我省安全生产的创新举措，修改稿第八条将原条例第九条的"一定比例的资金"修改为"一定比例的安全生产专项资金"，更加清晰地规定有利于保障相关资金的落实。

第九条【工会职责】　生产经营单位的工会依法组织职工参加本单位安全生产工作的民主管理和民主监督，维护职工的合法权益。

修改说明：依据《安全生产法》第七条："工会依法对安全生产工作进行监督。生产经营单位的工会依法组织职工参加本单位安全生产工作的民主管理和民主监督，维护职工在安全生产方面的合法权益。生产经营单位制定或者修改有关安全生产的规章制度，应当听取工会的意见。"

2014年《安全生产法》进行修改，《吉林省安全生产条例》是对《安全生产法》进行贯彻实施，工会职责应与修改后的《安全生产法》一致。故对原条例第十条进行修改，建议稿中工会职责的相关规定与《安全生产法》中的相关规定有所区别，略去了工会对生产经营单位进行监督以及听取工会意见的规定，避免重复上位法。

第十条【安全生产宣传教育】　各级人民政府及其有关部门应当加强安全生产法律法规和安全生产知识的宣传教育，开展普及安全知识、警示教育活动，增强全社会的安全生产意识，提高事故防范、救援能力。

广播、电视、报刊、网络通信等单位应当开展安全生产公益宣传教育，对安全生产进行舆论监督。

修改说明：依据《安全生产法》第十一条："各级人民政府及其有关部门应当采取多种形式，加强对有关安全生产的法律、法规和安全生产知识的宣传，增强全社会的安全生产意识。"和原《吉林省安全生产条例》第十一条"各级人民政府及其有关部门应当组织开展安全生产宣传教育和有关生产安全事故救援演习，提高公民的安全生产意识和事故防范、救护能力。广播、电视、报刊、网络等单位应当认真履行安全生产宣传教育的义务，加强对安全生产的宣传和舆论监督。"

2014年《安全生产法》进行修改，《吉林省安全生产条例》是对《安全生产法》进行贯彻实施，安全生产宣传教育的规定应与修改后的《安全生产法》一致，将"提高公民的安全生产意识"修改为"提高全社会的安全生产意识"。

第十一条【安全科技】　鼓励、支持安全生产科学技术研究、专业技术和技能人才培养以及先进技术的推广应用。

修改说明：依据《安全生产法》第十五条："国家鼓励和支持安全生产科学技术研究和安全生产先进技术的推广应用，提高安全生产水平。"

建议稿对原条例第六条第二款单独设条，并增加了"专业技术和技能人才培养"的相关规定。

第十二条【奖励】　县级以上人民政府及其有关部门应当对在改善安全生产条件、防止生产安全事故、参加抢险救护、举报安全生产事故隐患和安全生产非法违法行为等方面做出显著成绩或者有功的单位和个人，给予奖励。

修改说明：依据《安全生产法》第十六条："国家对在改善安全生产条件、防止生产安全事故、参加抢险救护等方面取得显著成绩的单位和个人，给予奖励。"原《吉林省安全生产条例》第十二条："县级以上人民政府及其有关部门应当对在改善安全生产条件、防止生产安全事故、参加抢险救护、举报安全生产违法行为等方面做出显著成绩或者有功的单位和个人，给予奖励。"

建议稿第十二条奖励的规定与《安全生产法》有关奖励的规定有所区别，增加了"举报安全生产事故隐患方面"的规定，有利于消除隐患，减少安全生产事故。

第二章 生产经营单位的安全生产保障

第十三条【安全生产条件，标准化建设】 生产经营单位应当具备法律、行政法规和国家标准或者行业标准规定的安全生产条件。不具备安全生产条件的，不得从事生产经营活动。

修改说明：依据《安全生产法》第十七条："生产经营单位应当具备本法和有关法律、行政法规和国家标准或者行业标准规定的安全生产条件；不具备安全生产条件的，不得从事生产经营活动。"

第十四条【安全生产责任制】 生产经营单位的安全生产责任制应当明确主要负责人（含实际控制人）、分管负责人、各级管理人员、工程技术人员、各职能部门、分厂、车间、班组（工段）、岗位人员的安全生产职责，做到全员每个岗位都有明确的安全生产职责并与相应的职务、岗位匹配。

生产经营单位应当建立安全生产责任制的考核制度，并制定和实施考核标准，保证安全生产责任制的落实。

修改说明：依据《关于危险化学品企业贯彻落实〈国务院关于进一步加强企业安全生产工作的通知〉的实施意见》（安监总管三〔2010〕186号）1.建立和不断完善安全生产责任体系。坚持"谁主管、谁负责"的原则，明确企业主要负责人、分管负责人、各职能部门、各级管理人员、工程技术人员和岗位操作人员的安全生产职责，做到全员每个岗位都有明确的安全生产职责并与相应的职务、岗位匹配。"

第十五条【主要负责人职责】 生产经营单位的主要负责人是本单位安全生产的第一责任人，对安全生产负全面责任，对本单位的安全生产工作履行下列职责：

（一）《中华人民共和国安全生产法》规定的职责；

（二）保证本单位安全生产管理机构的设置和安全生产管理人员的配备符合国家规定；

（三）生产安全事故发生之后应及时赶赴现场、指挥、组织救援；

（四）及时、如实报告生产安全事故；

（五）每月组织召开一次安全生产风险分析会议，分析、布置、督促、检查本单位防范生产安全事故的工作，发现问题，组织落实防范和应急处置措施，同时应将会议情况上报当地安全生产监督管理部门备案；

（六）定期向本单位职工代表大会通报安全生产工作情况。

修改说明：依据《安全生产法》第十八条："生产经营单位的主要负责人对本单位安全生产工作负有职责。"《国务院关于进一步加强企业安全生产工作的通知》中规定建立完善企业安全生产预警机制。《企业安全生产标准化基本规范》AQ/T9006—2010中规定，企业应每年至少一次对本单位安全生产标准化的实施情况进行评定，验证各项安全生产制度措施的适宜性、充分性和有效性，检查安全生产工作目标、指标的完成情况。企业主要负责人应对绩效评定工作全面负责。评定工作应形成正式文件，并将结果向所有部门、所属单位和从业人员通报，作为年度考评的重要依据。

第十六条【分管负责人安全职责】 生产经营单位分管负责人的安全生产工作职责：

（一）在分管工作范围内落实安全生产责任制，定期向主要负责人汇报分管工作范围内的安全生产情况；

（二）分管工作范围内安全生产的督促、检查，及时消除事故隐患，落实重大危险源安全管理措施，开展安全生产标准化建设工作；

（三）发生生产安全事故后，应当立即赶赴现场，组织抢救，保护现场，做好善后工作，执行事故处理决定。

修改说明：第十六条分管负责人是创设性规定，确立分管负责人的职责范围。

第十七条【保障安全投入】 在生产经营单位年度财务预算中，必须确定保障安全生产条件的安全投入，由生产经营单位的决策机构、主要负责人或者个人经营的投资人予以保证，并对由于安全生产所必需的资金投入不足导致的后果承担责任。

修改说明：依据《安全生产法》第二十条："生产经营单位应当具备的安全生产条件所必需的资金投入，由生产经营单位的决策机构、主要负责人或者个人经营的投资人予以保证，并对由于安全生产所必需的资金投入不足导致的后果承担责任。"

第十八条【安全生产规章制度】 生产经营单位应当主动识别和获取与本单位有关的安全生产法律法规、标准和规范性文件，结合本单位安全生产特点，将法律法规的有关规定和标准的有关要求转化为单位安全生产规章制度或安全操作规程及岗位标准的具体内容，规范全体员工的行为并应制定完善下列主要安全生产规章制度和岗位标准：

（一）安全生产责任制度及安全生产考核、奖惩制度；

（二）安全生产岗位检查、日常安全检查、专业性安全检查、负责人现场带班制度；

（三）重大危险源辨识、监控制度；

（四）生产安全事故隐患排查治理制度；

（五）安全生产资金投入和设备、设施保障制度；

（六）具有较大危险、危害因素的生产经营场所、设备和设施的安全管理制度；

（七）作业（含动火、进入受限空间、爆破、吊装、高处、盲板抽堵、动土、断路、临时用电作业、检维修、放射性、高危粉尘、高毒作业等）安全管理制度、作业票管理制度；

（八）安全生产教育、培训和持证上岗制度；

（九）劳动防护用品配备和使用管理制度以及职业健康措施保障制度；

（十）事故报告和应急救援制度；

（十一）安全生产管理台账、档案制度；

（十二）其他保障安全生产的规章制度。

生产经营单位的安全生产规章制度、安全操作规程每三年至少评审和修订一次，发生重大变更应及时修订。修订完善后，应当及时组织相关管理人员、作业人员培训学习。

修改说明：依据《企业安全生产标准化基本规范》AQ/T9006—2010，企业应建立健全安全生产规章制度，并发放到相关工作岗位，规范从业人员的生产作业行为。根据《关于危险化学品企业贯彻落实〈国务院关于进一步加强企业安全生产工作的通知〉的实施意见》（安监总管三〔2010〕186号）建立和不断完善安全生产规章制度。

第十九条【安全教育和培训】　生产经营单位应当加强对单位从业人员的安全生产教育和培训工作，并应当符合下列规定：

（一）《中华人民共和国安全生产法》的规定；

（二）从业人员在上岗前必须经过厂（矿）、车间（工段、区、队）、班组三级安全生产教育和培训；

（三）从业人员在本单位内调整工作岗位或离岗一年以上重新上岗时，应当重新接受车间（工段、区、队）和班组三级的安全生产教育和培训；

（四）作业人员进入新的施工现场前，应当重新接受安全生产教育和培训；

（五）生产经营单位应当加强对本单位特种作业人员的管理，建立健全特种作业人员培训、复审档案，做好申报、培训、考核、复审的组织工作和日常的检查工作；

（六）生产经营单位从业人员的安全生产教育和培训工作，由生产经营单位组织实施。生产经营单位委托其他机构进行安全生产教育和培训的，保证安全培训的责任仍由本单位负责。

修改说明：依据《安全生产法》第二十五条："生产经营单位应当对从业人员进行安全生产教育和培训，保证从业人员具备必要的安全生产知识，熟悉有关的安全生产规章制度和安全操作规程，掌握本岗位的安全操作技能，了解事故应急处理措施，知悉自身在安全生产方面的权利和义务。未经安全生产教育和培训合格的从业人员，不得上岗作业。"

第二十条【禁止使用淘汰落后技术工艺设备】 不符合有关安全标准、安全性能低下、职业病危害严重、危及生产安全的落后技术、工艺和设备应参照国家产业结构调整的具体目录，予以强制性淘汰。

生产经营单位不得采用和使用应当淘汰的危及生产安全的落后技术、工艺、设备。

修改说明：依据《安全生产法》第三十五条第三款："生产经营单位不得使用应当淘汰的危及生产安全的工艺、设备。"

第二十一条【提供劳动防护用品】 生产经营单位必须为从业人员、被派遣劳动者、实习学生无偿提供符合国家标准或者行业标准的劳动防护用品，并监督、教育从业人员按照使用规则佩戴、使用。

修改说明：依据《安全生产法》第二十五条第三款："生产经营单位接收中等职业学校、高等学校学生实习的，应当对实习学生进行相应的安全生产教育和培训，提供必要的劳动防护用品。学校应当协助生产经营单位对实习学生进行安全生产教育和培训。第四十二条生产经营单位必须为从业人员提供符合国家标准或者行业标准的劳动防护用品，并监督、教育从业人员按照使用规则佩戴、使用。"

第二十二条【禁止违章指挥】　生产经营单位有关人员不得违章指挥、强令或者放任从业人员冒险作业，从业人员对违章指挥或者强令冒险作业的有权拒绝，并有权向有关部门检举、控告。

修改说明：依据原《吉林省安全生产条例》第19条："生产经营单位有关人员不得违章指挥、强令或者放任从业人员冒险作业，从业人员对违章指挥或者强令冒险作业的有权拒绝，并有权向有关部门检举、控告。"

第二十三条【接受劳务派遣的生产经营单位的义务】　接受劳务派遣的用工单位应当将被派遣劳动者纳入本单位从业人员统一管理，履行本条例规定的生产经营单位的义务。

修改说明：根据《安全生产法》第二十五条："生产经营单位应当对从业人员进行安全生产教育和培训，保证从业人员具备必要的安全生产知识，熟悉有关的安全生产规章制度和安全操作规程，掌握本岗位的安全操作技能，了解事故应急处理措施，知悉自身在安全生产方面的权利和义务。未经安全生产教育和培训合格的从业人员，不得上岗作业。"

第二十四条【新设备设施验收及旧设备拆除、报废】　安全设备的设计、制造、安装、使用、检测、维修、改造、拆除和报废，应当符合有关法律法规、标准规范的要求。

生产经营单位应当严格执行生产设备设施到货验收和报废管理制度，使用质量合格、设计符合要求的生产设备设施。

拆除的生产设备设施应按照相关规定进行处置。拆除的生产设备设施涉及危险物品的，必须制定危险物品处置方案和应急措施，并组织实施。

修改说明：依据《企业安全生产标准化基本规范》（AQ/T9006–2010）中的规定，设备的设计、制造、安装、使用、检测、维修、改造、拆除和报废，应符合有关法律法规、标准规范的要求。

第二十五条【设备设施运行管理】 生产经营单位应当设置设备管理机构或者配备专（兼）职人员负责管理各种安全设备设施，建立台账，制定检维修计划，做好检维修记录，并由有关人员签字。

设备设施检维修前应制定方案。检维修方案应当包含作业行为分析和控制措施。检维修过程中应当严格执行隐患控制措施并进行监督检查。

安全设备设施不得随意拆除、挪用或弃置不用；确因检维修拆除的，应采取临时安全措施，检维修完毕后立即复原。

修改说明：依据《安全生产法》第三十三条："安全设备的设计、制造、安装、使用、检测、维修、改造和报废，应当符合国家标准或者行业标准。生产经营单位必须对安全设备进行经常性维护、保养，并定期检测，保证正常运转。维护、保养、检测应当做好记录，并由有关人员签字。"《企业安全生产标准化基本规范》（AQ/T9006–2010）5.6.2设备设施运行管理：企业应对生产设备设施进行规范化管理，保证其安全运行。企业应有专人负责管理各种安全设备设施，建立台账，定期检维修。对安全设备设施应制定检维修计划。设备设施检维修前应制定方案。检维修方案应包含作业行为分析和控制措施。检维修过程中应执行隐患控制措施并进行监督检查。安全设备设施不得随意拆除、挪用或弃置不用；确因检维修拆除的，应采取临时安全措施，检维修完毕后立即复原。

第二十六条【危险物品存储】 生产、经营、运输、储存、使用危险物品或者处置废弃危险物品，必须执行国家有关规定。

危险物品生产经营单位的生产区域、生活区域、储存区域之间应当依照有关规定保持安全距离。存储危险物品的仓库货场在存储区域内应当合理分布，禁止超储超存。

修改说明：依据原《吉林省安全生产条例》第二十一条："生产、经营、运输、储存、使用危险物品或者处置废弃危险物品，必须执行国家有关规定。危险物品生产经营单位的生产区域、生活区域、储存区域之间应当依照有关规定保持安全距离。"

修改稿第二十六条条将原条例第二十一条第二款后增加"存储危险物品的仓库货场在存储区域内应当合理分布，禁止超储超存"。是对原条文的细化，在原来的基础上规定更加详细，更加具有可执行性。

第二十七条【生产作业场所规定】 生产作业场所必须符合下列安全规定：

（一）设备安装、采光照明、物品摆放、通道设置符合相关技术规范要求；

（二）消防通道、安全出口符合紧急疏散、救援要求；

（三）建筑施工现场的运输道路、机械设施、供排水和供电系统、材料库（场）、脚手架、工作平台、住宿场所等，应当符合国家有关安全生产的规定和要求；

（四）存在有毒有害物质的生产经营场所应当配备监测设施，并采取通风、除尘、净化、隔离操作等防护措施；

（五）生产作业场所、仓库严禁住宿和从事与生产经营无关的活动；

（六）国家安全生产标准规定的其他要求。

修改说明：依据原《吉林省安全生产条例》第二十二条："生产作业场所必须符合下列安全规定：（一）设备安装、采光照明、物品堆放、通道设置应当符合相关技术规范要求；（二）建筑施工现场的运输道路、机械设施、供排水和供电系统、材料堆放、脚手架、工作平台、住宿场所等，应当符合国家有关安全生产的规定和要求；（三）

存在有毒有害物质的生产经营场所应当配备监测设施，并采取通风、除尘、净化、隔离操作等防护措施；（四）法律、法规规定的其他安全措施。"

此条为细化条款，符合上位法《安全生产法》的基本精神。增加了消防通道、安全出口符合紧急疏散、救援要求和两项否定性要求，使之逻辑更严密，更具操作性。将兜底条款"法律、法规规定"改为"国家安全生产标准"使其更为明确。

第二十八条【安全警示标志】 生产经营单位应当根据作业场所的实际情况，按照国家有关安全标志及其使用规定，在有较大危险因素的作业场所和设备设施上，设置明显的安全警示标志，进行危险提示、警示，告知危险的种类、后果及应急措施等。

生产经营单位应当在设备设施检维修、施工、吊装等作业现场设置警戒区域和警示标志，在检维修现场的坑、井、洼、沟、陡坡等场所设置围栏和警示标志。

对产生严重职业病危害的作业岗位，应当按照工作场所职业病危害警示标识（GBZ158）要求设置警示标识和警示说明。警示说明应载明职业病危害的种类、后果、预防和应急救治措施。

修改说明：依据《企业安全生产标准化基本规范》（AQ/T9006–2010)5.7.3 警示标志"企业应根据作业场所的实际情况，按照 GB2894 及企业内部规定，在有较大危险因素的作业场所和设备设施上，设置明显的安全警示标志，进行危险提示、警示，告知危险的种类、后果及应急措施等。企业应在设备设施检维修、施工、吊装等作业现场设置警戒区域和警示标志，在检维修现场的坑、井、洼、沟、陡坡等场所设置围栏和警示标志。"5.10.2 职业危害告知和警示"企业与从业人员订立劳动合同时，应将工作过程中可能产生的职业危害及其后果和防护措施如实告知从业人员，并在劳动合同中写明。企业应采用有效的方式对从业人员及相关方进行宣传，使其了解生产过程中的职业危害、预防和应急处理措施，降低或消除危害后果。对存在严重职业危害的作业岗位，应按照 GBZ158 要求设置警示标识和警示说明。警示说明应载明职业危害的种类、后果、预防和应急救治措施。"

《企业安全生产标准化基本规范》（AQ/T9006-2010）是国家安全生产监督管理总局提出的，他提升了企业的安全生产管理水平，是结合企业安全生产工作的共性特点，制定的可操作性较强的安全生产工作规范。新修条例二十八条适用其规定是对标准化的具体落实，故对原条例第二十八条进行修改。

第二十九条【班组建设】　生产经营单位应当加强班组安全生产建设，强化班组作业现场管理。制定班组安全工作标准、操作规程，规范工作流程，严格交接班、隐患排查治理报告等各项制度；组织对班组成员进行经常性的安全风险意识、责任意识、安全警示和遵章作业教育；组织对班组成员进行安全知识、操作技能、规程措施和新工艺、新设备、新技术安全培训；开展现场应急处置技能培训和模拟演练，保证班组成员掌握防灾、避灾路线，正确使用安全防护设备和与工作相适应的自救互救及现场处置能力。

修改说明：依据《国家安全监管总局、国家煤矿安监局、中华全国总工会关于印发煤矿班组安全建设规定（试行）的通知》（安监总煤行〔2012〕86 号）第七条："煤矿企业必须建立区队、班组建制，制定班组定员标准，确保班组基本配置。班组长应当发挥带头表率作用，加强班组作业现场管理，确保安全生产。"第九条："煤矿企业应当建立完善以下班组安全管理规章制度：（一）班前、班后会和交接班制度；（二）安全质量标准化和文明生产管理制度；（三）隐患排查治理报告制度；（四）事故报告和处置制度；（五）学习培训制度；（六）安全承诺制度；（七）民主管理制度；（八）安全绩效考核制度；（九）煤矿企业认为需要制定的其他制度。煤矿企业在制定、修改班组安全管理规章制度时，应当经职工代表大会或者全体职工讨论，与工会或者职工代表平等协商确定。"第十二条："煤矿企业必须全面推行安全生产目标管理，将安全生产目标层层分解落实到班组，完善安全、生产、效益结构工资制，区队每月进行考核兑现。"第二十四条"班组必须严格执行交接班制度，重点交接清楚现场安全状况、存在隐患及整改情况、生产条件和应当注意的安全事项等。"第二十六条"班组必须严格执行隐患排查治理制度，对作业环境、安全设施及生产系统进行巡回检查，及时排查治理现场动态隐患，隐患未消除前不得组织生产。"第二十九条"煤矿企业应当重视和发挥班组在职工安全教育培训中的主阵地作用，开展安全警示教育，强化班组成员安全风险意识、责任意识，增强职工遵章作业的自觉性；加强班组职工安全知识、操作技能、规程措施和新工艺、新设备、新技术安全培训，提高职工遵章作业的能力。"第三十条"煤矿企业应当强化危险源辨识和风险评估培训，提高职工对生产作业过程中各类隐患的辨识和防范能力。煤矿企业应当加强班组应急救援知识培训和模拟演练，班组成员应当牢固掌握防灾、避灾路线，增强自救互救和现场处置能力。煤矿企业应当加强班组现场急救知识和处置技能培训，班组成员应当具有正确使用安全防护设备、及时果断进行现场急救的能力。"

本条的修改更具全面性，提出的要求更加具体，形式更加多样，对班组人员要求更加严格有利于企业的安全生产作业。

第三十条【危险性较高作业】 生产经营单位对动火、进入受限空间、爆破、吊装、高处、盲板抽堵、动土、断路、临时用电作业、检维修、放射性、高危粉尘、高毒等危险性较高的作业应当实施作业许可或特殊管理，作业前应当进行风险分析、确认安全作业条件，保证作业人员了解作业风险，掌握风险控制措施。

生产经营单位进行爆破、吊装、进入受限空间、危险化学品装卸、安装或拆卸施工起重机械和整体提升脚手架、模板等自升式架设设施、维护或检修存在高毒物品的生产装置以及国家规定的其他危险作业，应当安排专门人员进行现场监护和监督管理，保证操作规程的遵守和安全措施的落实。

实施可能危及危险化学品管道安全运行的施工作业和施工范围内有地下燃气管线等重要燃气设施的作业，施工单位应当分别通知管道所属单位和管道燃气经营单位指派专业人员到现场进行安全指导。

修改说明：依据《企业安全生产标准化基本规范》（AQ/T9006–2010）5.7.1 生产现场管理和生产过程控制"企业应加强生产现场安全管理和生产过程的控制。对生产过程及物料、设备设施、器材、通道、作业环境等存在的隐患，应进行分析和控制。对动火作业、受限空间内作业、临时用电作业、高处作业等危险性较高的作业活动实施作业许可管理，严格履行审批手续。作业许可证应包含危害因素分析和安全措施等内容。企业进行爆破、吊装等危险作业时，应当安排专人进行现场安全管理，确保安全规程的遵守和安全措施的落实。"《职业病防治法》第二十条"国家对从事放射性、高毒、高危粉尘等作业实行特殊管理。具体管理办法由国务院制定。"《国家安全监管总局办公厅关于开展工贸企业有限空间作业条件确认工作的通知》（安监总厅管四〔2014〕37 号）（二）66. 作业现场必须配置监护人员；《危险化学品安全管理条例》（国务院令第 591 号）第四十四条第二款危险化学品的装卸作业应当遵守安全作业标准、规程和制度，并在装卸管理人员的现场指挥或者监控下进行。水路运输危险化学品的集装箱装箱作业应当在集装箱装箱现场检查员的指挥或者监控下进行，并符合积载、隔离的规范和要求；装箱作业完毕后，集装箱装箱现场检查员应当签署装箱证明书。《建设工程安全生产管理条例》（国务院令第393 号）"第二十四条　建设工程实行施工总承包的，由总承包单位对施工现场的安全生产负总责。总承包单位应当自行完成建设工程主体结构的施工。总承包单位依法将建设工程分包给其他单位的，分包合同中应当明确各自的安全生产方面的权利、义务。总承包单位和分包单位对分包工程的安全生产承担连带责任。分包单位应当服从总承包单位的安全生产管理，分包单位不服从管理导致生产安全事故的，由分包单位承担主要责任。"《危险化学品输送管道安全管理规定》（国家安全监管总局令第43号）第二十五条"实施下列可能危及危险化学品管道安全运行的施工作业的，施工单位应当在开工的7日前书面通知管道单位，将施工作业方案报管道单位，并与管道单位共同制定应急预案，采取相应的安全防护措施，管道单位应当指派专人到现场进行管道安全保护指导：（一）穿（跨）越管道的施工作业；（二）在管道线路中心线两侧5米至50米和管道附属设施周边100米地域范围内，新建、改建、扩建铁路、公路、河渠，架设电力线路，埋设地下电缆、光缆，设置安全接地体、避雷接地体；（三）在管道线路中心线两侧200米和管道附属设施周边500米地域范围内，实施爆破、地震法勘探或者工程挖掘、工程钻探、采矿等作业。"《城镇燃气管理条例》（国务院令第583号）第三十七条"第二款 建设工程施工范围内有地下燃气管线等重要燃气设施的，建设单位应当会同施工单位与管道燃气经营者共同制定燃气设施保护方案。建设单位、施工单位应当采取相应的安全保护措施，确保燃气设施运行安全；管道燃气经营者应当派专业人员进行现场指导。法律、法规另有规定的，依照有关法律、法规的规定执行。"

本条修改不仅符合上位法的要求，也符合国务院相关规定。加之有《企业安全生产标准化基本规范》的要求更加标准化，更加具有可执行性，具体责任主体落实到位，过程更规范，整体结构更严密。

第三十一条【管道单位安全管理】 管线单位应当建立地下管线巡护和隐患排查制度，严格执行安全技术规程，配备专门人员对管线进行日常巡护，定期进行检测维修，强化安全风险监控预警，及时处理隐患。实施地下管线作业时，应当严格遵守相关规定，配备必要的设施设备，按照先检测后监护再进入的原则进行作业。

修改说明：依据《国务院办公厅关于加强城市地下管线建设管理的指导意见》（国办发〔2014〕27号）（十）加强维修养护。各城市要督促行业主管部门和管线单位，建立地下管线巡护和隐患排查制度，严格执行安全技术规程，配备专门人员对管线进行日常巡护，定期进行检测维修，强化监控预警，发现危害管线安全的行为或隐患应及时处理。对地下管线安全风险较大的区段和场所要进行重点监控；对已建成的危险化学品输送管线，要按照相关法律法规和标准规范严格管理。开展地下管线作业时，要严格遵守相关规定，配备必要的设施设备，按照先检测后监护再进入的原则进行作业，严禁违规违章作业，确保人员安全。针对城市地下管线可能发生或造成的泄漏、燃爆、坍塌等突发事故，要根据输送介质的危险特性及管道情况，制定应急防灾综合预案和有针对性的专项应急预案、现场处置方案，并定期组织演练；要加强应急队伍建设，提高人员专业素质，配套完善安全检测及应急装备；维修养护时一旦发生意外，要对风险进行辨识和评估，杜绝盲目施救，造成次生事故；要根据事故现场情况及救援需要及时划定警戒区域，疏散周边人员，维持现场秩序，确保应急工作安全有序。切实提高事故防范、灾害防治和应急处置能力。

本条修改参考了《国务院办公厅关于加强城市地下管线建设管理的指导意见》从具体制度到人员分配，从技术规程到风险监控均有涉及，较原条例更严密更合理。

第三十二条【危险化学品管道安全】　油气、危险化学品输送等管道与居民区、工厂、学校、医院、商场、车站等人口密集区以及建（构）筑物、铁路、公路、航道、港口、市政公用地下管线及设施、军事设施、电力设施、其他强腐蚀性管道及设施的安全保护距离，必须符合国家有关法律法规以及标准规范的强制性要求。

禁止光气、氯气等剧毒气体化学品管道穿（跨）越公共区域。

严格控制氨、硫化氢等其他有毒气体的危险化学品管道穿（跨）越公共区域。

修改说明：依据《国务院安委会关于开展油气输送管线等安全专项排查整治的紧急通知》（安委〔2013〕9号）《危险化学品输送管道安全管理规定》（国家安全监管总局令第43号）"第七条　禁止光气、氯气等剧毒气体化学品管道穿（跨）越公共区域。严格控制氨、硫化氢等其他有毒气体的危险化学品管道穿（跨）越公共区域。"

本条为细化条款在原来的基础上更加具体，建议稿包含了《危险化学品输送管道安全管理规定》第七条

第三十三条【旅游景区安全管理】　旅游景区（点）管理机构和经营者应当加强旅游安全管理，完善旅游安全生产条件，做好旅游预测预报和游人疏导工作。

经营高空、高速、水上、潜水、探险等高风险旅游项目的旅游经营者，应当制定安全操作规程，并对涉及人身安全的旅游设施、设备每日投入使用前，进行试运行和例行安全检查，并对安全装置进行检查确认，保证旅游设施、设备完好。

修改说明：依据原《吉林省安全生产条例》第二十四条："旅游景区（点）管理机构和经营者应当加强旅游安全管理，完善旅游安全防护设施，做好旅游预测预报和游人疏导工作。高空旅游设施和惊险旅游项目必须符合安全规定和标准，保障旅游者人身、财产安全。"参见《海南省旅游安全管理规定》第九条第一款："旅游经营者应当加强安全管理，采取以下措施保障旅游者人身、财产安全：（八）开展对本单位安全检查和隐患排查治理工作。"

本条包含原《吉林省安全生产条例》，在原来的基础上增加对涉及人身安全的旅游设施、设备的安全检查。

第三十四条【人员密集场所管理】　人员集中和流动性大的生产经营场所，应当符合下列要求：

（一）按规定设置安全警示标识和检测报警等装置，严禁堵塞、锁闭和占用疏散通道及事故发生后延误报警；

（二）按国家标准或者行业标准选用、安装电气设备设施，规范敷设电气线路，严禁私搭乱接、超负荷运行；

（三）实际容纳人员，不得超过规定的容纳人数；

（四）按照规定配备消防设施和器材并保证正常使用；

（五）禁止违法、违规存放易燃易爆、剧毒、强腐蚀性和放射性等危险物品；

（六）不得改变场所建筑的主体和承重结构；

（七）其他相关设施符合安全生产要求。

修改说明：依据《劳动密集型加工企业安全生产八条规定》（总局令第72号）三、必须按标准选用、安装电气设备设施，规范敷设电气线路，严禁私搭乱接、超负荷运行。七、必须按规定设置安全警示标识和检测报警等装置，严禁作业场所粉尘、有毒物质等浓度超标。八、必须配备必要的应急救援设备设施，严禁堵塞、锁闭和占用疏散通道及事故发生后延误报警。

本条对人员集中和流动性大的生产经营场所增加了更严格的要求，有利于生产作业的进行和人员劳动的生命安全。

第三十五条【建设项目"三同时"】生产经营单位新建、改建、扩建工程项目（以下统称建设项目）的安全设施，应当包括安全监控设施和防瓦斯等有害气体、防尘、排水、防火、防爆等设施，必须与主体工程同时设计、同时施工、同时投入生产和使用。

建设项目安全设施建成后，生产经营单位应当对安全设施进行检查，对发现的问题及时整改。

修改说明：依据《安全生产法》第二十八条："生产经营单位新建、改建、扩建工程项目（以下统称建设项目）的安全设施，必须与主体工程同时设计、同时施工、同时投入生产和使用。安全设施投资应当纳入建设项目概算。"《国务院关于进一步加强企业安全生产工作的通知》（国发〔2010〕23号）"13.加强建设项目安全管理。强化项目安全设施核准审批，加强建设项目的日常安全监管，严格落实审批、监管的责任。企业新建、改建、扩建工程项目的安全设施，要包括安全监控设施和防瓦斯等有害气体、防尘、排水、防火、防爆等设施，并与主体工程同时设计、同时施工、同时投入生产和使用。安全设施与建设项目主体工程未做到同时设计的一律不予审批，未做到同时施工的责令立即停止施工，未同时投入使用的不得颁发安全生产许可证，并视情节追究有关单位负责人的责任。严格落实建设、设计、施工、监理、监管等各方安全责任。对项目建设生产经营单位存在违法分包、转包等行为的，立即依法停工停产整顿，并追究项目业主、承包方等各方责任。"《建设项目安全设施"三同时"监督管理暂行办法》（安全监管总局令第36号）第二十条："工程监理单位应当审查施工组织设计中的安全技术措施或者专项施工方案是否符合工程建设强制性标准。工程监理单位在实施监理过程中，发现存在事故隐患的，应当要求施工单位整改；情况严重的，应当要求施工单位暂时停止施工，并及时报告生产经营单位。施工单位拒不整改或者不停止施工的，工程监理单位应当及时向有关主管部门报告。工程监理单位、监理人员应当按照法律、法规和工程建设强制性标准实施监理，并对安全设施工程的工程质量承担监理责任。"

2014年《安全生产法》进行修改，《吉林省安全生产条例》是对《安全生产法》进行贯彻实施，建设项目的安全设施包含范围应与修改后的《安全生产法》一致。故对原条例第二十七条进行修改，增加落实了生产经营单位应当对安全设施进行检查责任。

第三十六条【安全设施设计】 安全设施设计必须符合有关法律、法规、规章和国家标准或者行业标准、技术规范的规定，优先采用先进适用的工艺、技术和可靠的设备、设施。实行安全预评价报告制度的建设项目安全设施设计，还应当充分考虑安全预评价报告提出的安全对策措施。安全设施设计单位、设计人员应当对安全设施设计负责。

　　修改说明：依据《安全生产法》第三十条第一款："建设项目安全设施的设计人、设计单位应当对安全设施设计负责。"《建设项目安全设施"三同时"监督管理暂行办法》（安全监管总局令第36号）第十条："本办法第七条规定以外的其他建设项目，生产经营单位应当对其安全生产条件和设施进行综合分析，形成书面报告，并按照本办法第五条的规定报安全生产监督管理部门备案。"

　　2014年《安全生产法》进行修改，《吉林省安全生产条例》是对《安全生产法》进行贯彻实施，建设项目的安全设施设计应与修改后的《安全生产法》一致。故建议稿对原条例进行修改。

　　第三十七条【发包、出租安全责任】　生产经营单位不得将生产经营项目、场所、设备发包或者出租给不具备安全生产条件或者相应资质的单位或者个人。

　　生产经营项目、场所发包或者出租给其他单位的，生产经营单位应当与承包单位、承租单位签订专门的安全生产管理协议，或者在承包合同、租赁合同中约定各自的安全生产管理职责；生产经营单位应当将承包单位、承租单位纳入本单位的安全管理体系，实行统一协调、管理，定期进行安全检查，发现安全问题的，应当及时督促整改。

　　安全生产管理协议应当包括安全投入保障、安全设施和作业条件、隐患排查与治理、安全教育与培训、事故应急救援、安全检查与考评、违约责任等内容。

　　禁止承包单位、承租单位转包其承包的生产经营项目、场所。承包单位、承租单位对其作业现场的安全生产负责。

　　同一建筑物内的多个生产经营单位共同委托物业服务企业或者其他管理人进行管理的，由物业服务企业或者其他管理人依照委托协议承担其管理范围内的安全生产管理职责。

修改说明：依据《非煤矿山外包工程安全管理暂行办法》（安全监管总局令第36号）第三条第一款："非煤矿山外包工程（以下简称外包工程）的安全生产，由发包单位负主体责任，承包单位对其施工现场的安全生产负责。"第八条："发包单位应当与承包单位签订安全生产管理协议，明确各自的安全生产管理职责。安全生产管理协议应当包括下列内容：（一）安全投入保障；（二）安全设施和施工条件；（三）隐患排查与治理；（四）安全教育与培训；（五）事故应急救援；（六）安全检查与考评；（七）违约责任。安全生产管理协议的文本格式由国家安全生产监督管理总局另行制定。"第十一条："金属非金属矿山分项发包单位，应当将承包单位及其项目部纳入本单位的安全管理体系，实行统一管理，重点加强对地下矿山领导带班下井、地下矿山从业人员出入井统计、特种作业人员、民用爆炸物品、隐患排查与治理、职业病防护等管理，并对外包工程的作业现场实施全过程监督检查。"第十八条："外包工程实行总承包的，总承包单位对施工现场的安全生产负总责；分项承包单位按照分包合同的约定对总承包单位负责。总承包单位和分项承包单位对分包工程的安全生产承担连带责任。总承包单位依法将外包工程分包给其他单位的，其外包工程的主体部分应当由总承包单位自行完成。"禁止承包单位转包其承揽的外包工程。禁止分项承包单位将其承揽的外包工程再次分包。参见《北京市安全生产条例》第四十条第三款：同一建筑物内的多个生产经营单位共同委托物业服务企业或者其他管理人进行管理的，由物业服务企业或者其他管理人依照委托协议承担其管理范围内的安全生产管理职责。

建议稿对原条例二十三条进行修改，细化了发包、出租安全责任，规定了禁止转包情形。

第三十八条【安全生产责任保险】 推行安全生产责任保险制度。

煤矿、非煤矿山、危险化学品、烟花爆竹、建筑施工、民用爆炸物品、特种设备、金属冶炼与加工、大型游乐设施、水上运输等高危行业和重点领域的生产经营单位，按照国家有关规定参加安全生产责任保险。

鼓励公共聚集场所和易燃易爆危险品生产、储存、运输、销售单位投保火灾公共责任保险。

修改说明：依据《安全生产法》第四十八条："生产经营单位必须依法参加工伤保险，为从业人员缴纳保险费。"《国务院办公厅关于加强安全生产监管执法的通知》（国办发〔2015〕）（十二）运用市场机制加强安全监管。在依法推进各类用人单位参加工伤保险的同时，鼓励企业投保安全生产责任保险，并理顺安全生产责任保险与风险抵押金的关系，推动建立社会商业保险机构参与安全监管的机制。要在长途客运、危险货物道路运输领域继续实施承运人责任保险制度的同时，进一步推动在煤矿、非煤矿山、危险化学品、烟花爆竹、建筑施工、民用爆炸物品、特种设备、金属冶炼与加工、水上运输等高危行业和重点领域实行安全生产责任保险制度，推动公共聚集场所和易燃易爆危险品生产、储存、运输、销售企业投保火灾公共责任保险。建立健全国家、省、市、县四级安全生产专家队伍和服务机制。培育扶持科研院所、行业协会、专业服务组织和注册安全工程师事务所参与安全生产工作，积极提供安全管理和技术服务。

2014年《安全生产法》进行修改，《吉林省安全生产条例》是对《安全生产法》进行贯彻实施，建议稿对此单独设条推行安全生产责任保险制度。

第三章　安全生产的监督管理

第三十九条【政府属地管理】　各级人民政府应当建立、健全安全生产责任制，履行属地管理职责。

县级以上人民政府应当组织有关部门按照职责分工，对本行政区内容易发生生产安全事故的单位、设施和场所进行严格检查。

修改说明：依据《安全生产法》第九条："县级以上地方各级人民政府安全生产监督管理部门依照本法，对本行政区域内安全生产工作实施综合监督管理。"

第五十九条："县级以上地方各级人民政府应当根据本行政区域内的安全生产状况，组织有关部门按照职责分工，对本行政区域内容易发生重大生产安全事故的生产经营单位进行严格检查。"《国务院关于坚持科学发展安全发展促进安全生产形势持续稳定好转的意见国发》（〔2011〕40号）（十）强化地方人民政府安全监管责任。地方各级人民政府要健全完善安全生产责任制，把安全生产作为衡量地方经济发展、社会管理、文明建设成效的重要指标，切实履行属地管理职责，对辖区内各类企业包括中央、省属企业实施严格的安全生产监督检查和管理。严格落实地方行政首长安全生产第一责任人的责任，建立健全政府领导班子成员安全生产"一岗双责"制度。省、市、县级政府主要负责人要定期研究部署安全生产工作，组织解决安全生产重点难点问题。《国务院关于特大安全事故行政责任追究的规定》（国务院令第302号）第6条市（地、州）、县（市、区）人民政府应当组织有关部门按照职责分工对本地区容易发生特大安全事故的单位、设施和场所安全事故的防范明确责任、采取措施，并组织有关部门对上述单位、设施和场所进行严格检查。

《安全生产法》中明确了属地原则，《吉林省安全生产条例》专家意见稿中也加入了属地原则这是根据法律变化及时做出的调整。根据国务院的规定，政府有关部门应对相关单位进行严格检查，专家意见稿据此对原第二款进行了修改，增加了关于对于相关场所进行严格检查的相关规定。这也使得新的《吉林省安全生产条例》更能符合国家相关规定的精神。

　　第四十条【监督管理职责配合】　负有安全生产监督管理职责的部门在监督检查中，应当互相配合，实行联合检查；确需分别进行检查的，应当互通情况，发现存在的安全问题应当由其他有关部门进行处理的，应当及时移送其他有关部门并形成记录备查，接受移送的部门应当及时进行处理。

　　修改说明：依据《安全生产法》第六十六条："负有安全生产监督管理职责的部门在监督检查中，应当互相配合，实行联合检查；确需分别进行检查的，应当互通情况，发现存在的安全问题应当由其他有关部门进行处理的，应当及时移送其他有关部门并形成记录备查，接受移送的部门应当及时进行处理。"

　　2014年新《安全生产法》对于这一条的内容并没有做修改，但是，原《吉林省安全生产条例》之中并没有此条规定，同时原条例之中与此相对应的条款也不能很好地符合相关法律规定，此次修改之后，将这条能更好地符合《安全生产法》的相关规定。

　　第四十一条【安全生产投入】　县级以上人民政府可以从上年度征缴的工伤保险基金中安排一定比例的专项费用，用于安全教育和工伤预防。

　　修改说明：依据《国务院关于修改〈工伤保险条例〉的决定》（国务院令第586号）六、第十二条修改为："工伤保险基金存入社会保障基金财政专户，用于本条例规定的工伤保险待遇，劳动能力鉴定，工伤预防的宣传、培训等费用，以及法律、法规规定的用于工伤保险的其他费用的支付。工伤预防费用的提取比例、使用和管理的具体办法，由国务院社会保险行政部门会同国务院财政、卫生行政、安全生产监督管理等部门规定。任何单位或者个人不得将工伤保险基金用于投资运营、兴建或者改建办公场所、发放奖金，或者挪作其他用途。"《国务院关于坚持科学发展安全发展促进安全生产形势持续稳定好转的意见国发》（〔2011〕40号）（二十二）持续加大安全生产投入。探索建立中央、地方、企业和社会共同承担的安全生产长效投入机制，加大对贫困地区和高危行业领域倾斜。完善有利于安全生产的财政、税收、信贷政策，强化政府投资对安全生产投入的引导和带动作用。企业在年度财务预算中必须确定必要的安全投入，提足用好安全生产费用。完善落实工伤保险制度，积极稳妥推行安全生产责任保险制度，发挥保险机制的预防和促进作用。《国务院办公厅关于加强安全生产监管执法的通知》（国办发〔2015〕20号）加强监管执法保障建设。国务院安全生产监督管理部门、发展改革部门要做好安全生产监管部门和煤矿安全监察机构监管监察能力建设发展规划的编制实施工作。国务院社会保险行政部门要会同财政、安全生产监督管理等部门，在总结做好工伤预防试点工作基础上，抓紧制定工伤预防费提取比例、使用和管理的具体办法，加大对工伤预防的投入。地方各级人民政府要将安全生产监管执法机构作为政府行政执法机构，健全安全生产监管执法经费保障机制，将安全生产监管执法经费纳入同级财政保障范围，深入开展安全生产监管执法机构规范化、标准化建设，改善调查取证等执法装备，保障基层执法和应急救援用车，满足工作需要。

原条例之中并没有关于安全生产投入的相关规定，但在《安全生产法》以及国务院的相关规定之中都有此类规定，此次专家意见稿中增加了这项规定，可以使得条例更好地与《安全生产法》和其他相关规定相适应，更好地贯彻相关一系列规定的精神，故增加了此项规定。

第四十二条【绩效考核】 各级人民政府应当建立、健全安全生产绩效考核制度和奖惩制度，对成效显著的单位和个人应当予以表扬和奖励，对违法违规、失职渎职的，依法严格追究责任。

修改说明：依据《国务院关于坚持科学发展安全发展促进安全生产形势持续稳定好转的意见》（国办发〔2011〕40号）（三十二）加强

安全生产绩效考核，制定完善安全生产奖惩制度，对成效显著的单位和个人应当予以表扬和奖励，对违法违规、失职渎职的，依法严格追究责任。

原条例之中没有关于绩效的相应规定，但是国务院对绩效规定了相应的奖惩制度，专家意见稿之中，没有只着眼于《安全生产法》这不单一的法律，而是与整个关于安全生产法的相关规定相符合。所以增加了关于绩效的相关条款。

第四十三条【约谈制度】　县级以上人民政府应当建立安全生产约谈制度，对未按规定履行安全生产监督管理职责和对发生较大以上事故负有监督管理职责的本级人民政府有关部门和下级人民政府负责人进行约谈，提出安全警示，督促其及时改进。

修改说明：《吉林省安全生产综合监管办法》（吉政办发〔2013〕44号）实行约谈制度。对安全生产工作不力的地方政府、有关行业主管部门进行约谈，提出安全警示。

约谈制度在原条例之中并没有体现，这次专家意见稿之中增加的关于约谈制度的规定，依据了安全生产监管办法的同时，也属于对于《安全生产法》第六十六条，即对于安全生产监管相应规定的进一步细化。

第四十四条【巡视督查】　负有安全生产监督管理职责的部门应当制定安全生产年度监督检查计划，并按照年度监督检查计划进行巡视督查、日常检查、随机抽查，发现事故隐患，应当及时处理。

修改说明：依据《安全生产法》第五十九条"县级以上地方各级人民政府应当根据本行政区域内的安全生产状况，组织有关部门按照职责分工，对本行政区域内容易发生重大生产安全事故的生产经营单位进行严格检查。安全生产监督管理部门应当按照分类分级监督管理的要求，制定安全生产年度监督检查计划，并按照年度监督检查计划进行监督检查，发现事故隐患，应当及时处理。"

2014 年新修改的《安全生产法》之中新增了第二款，而此项条款是对于巡视督查的相关规定，而此次专家意见稿增加的相关条款贯彻了《安全生产法》新增的关注重点，所以增加了该项规定。

第四十五条【委托执法】 负有安全生产监督管理职责的部门可以根据工作需要，委托具备条件的乡、镇人民政府以及街道办事处实施安全生产行政执法。

委托部门应当规范委托事项、权责和程序，加强对接受委托单位行政执法人员的业务培训，并提供必备的执法条件。

乡、镇人民政府以及街道办事处以委托机关的名义在委托的权限内执法。任何单位或者个人对超出委托权限的违法行为，可以向委托部门报告、举报。委托部门应当及时组织核查，并依法处理。

前款规定的委托的具体事项、范围等，应当报同级政府法制机构审查。

修改说明：依据《安全生产法》第八条："国务院和县级以上地方各级人民政府应当根据国民经济和社会发展规划制定安全生产规划，并组织实施。安全生产规划应当与城乡规划相衔接。国务院和县级以上地方各级人民政府应当加强对安全生产工作的领导，支持、督促各有关部门依法履行安全生产监督管理职责，建立健全安全生产工作协调机制，及时协调、解决安全生产监督管理中存在的重大问题。乡、镇人民政府以及街道办事处、开发区管理机构等地方人民政府的派出机关应当按照职责，加强对本行政区域内生产经营单位安全生产状况的监督检查，协助上级人民政府有关部门依法履行安全生产监督管理职责。"《国务院办公厅关于加强安全生产监管执法的通知》（国办发〔2015〕20号）健全监管执法机构。2016 年底前，所有的市、县级人民政府要健全安全生产监管执法机构，落实监管责任。地方各级人民政府要结合实际，强化安全生产基层执法力量，对安全生产监管人员结构进行调整，3 年内实现专业监管人员配比不低于在职人员的75%。各市、县级人民政府要通过探索实行派驻执法、跨区域执法、委托执法和政府购买服务等方式，加强和规范乡镇（街道）及各类经济开发区安全生产监管执法工作。

关于委托执法的相关规定，原条例之中并没有相关规定，《安全生产法》赋予了地方委托执法的权利，同时国务院也对相关规定进行了细化，而且有许多省份也对委托执法做出了相关规定，专家意见稿中增加此项规定贯彻了新《安全生产法》的相关精神和规定。

第四十六条【派出机关监督检查职责】 开发区（园区）管理机构依法对本辖区内生产经营单位进行监督检查时，行使下列职权：

（一）进入生产经营单位进行检查，调阅有关资料，向有关单位和人员了解情况；

（二）检查中发现安全生产违法行为的，督促当场予以纠正或者要求限期改正；依法应当给予行政处罚的，建议负有安全生产监督管理职责的部门做出行政处罚；

（三）检查中发现事故隐患的，责令立即排除；生产经营单位拒不排除的，报告负有安全生产监督管理职责的部门；

（四）检查中发现重大事故隐患的，应当在责令立即排除的同时，报告负有安全生产监督管理职责的部门，由负有安全生产监督管理职责的部门采取必要的措施。

对前款规定的建议或者报告，负有安全生产监督管理职责的部门应当及时予以处理和答复。

修改说明：依据《安全生产法》第八条："国务院和县级以上地方各级人民政府应当根据国民经济和社会发展规划制定安全生产规划，并组织实施。安全生产规划应当与城乡规划相衔接。国务院和县级以上地方各级人民政府应当加强对安全生产工作的领导，支持、督促各有关部门依法履行安全生产监督管理职责，建立健全安全生产工作协调机制，及时协调、解决安全生产监督管理中存在的重大问题。

乡、镇人民政府以及街道办事处、开发区管理机构等地方人民政府的派出机关应当按照职责，加强对本行政区域内生产经营单位安全生产状况的监督检查，协助上级人民政府有关部门依法履行安全生产监督管理职责。"第六十二条："安全生产监督管理部门和其他负有安全生产监督管理职责的部门依法开展安全生产行政执法工作，对生产经营单位执行有关安全生产的法律、法规和国家标准或者行业标准的情况进行监督检查，行使以下职权：（一）进入生产经营单位进行检查，调阅有关资料，向有关单位和人员了解情况；（二）对检查中发现的安全生产违法行为，当场予以纠正或者要求限期改正；对依法应当给予行政处罚的行为，依照本法和其他有关法律、行政法规的规定做出行政处罚决定；（三）对检查中发现的事故隐患，应当责令立即排除；重大事故隐患排除前或者排除过程中无法保证安全的，应当责令从危险区域内撤出作业人员，责令暂时停产停业或者停止使用相关设施、设备；重大事故隐患排除后，经审查同意，方可恢复生产经营和使用；（四）对有根据认为不符合保障安全生产的国家标准或者行业标准的设施、设备、器材以及违法生产、储存、使用、经营、运输的危险物品予以查封或者扣押，对违法生产、储存、使用、经营危险物品的作业场所予以查封，并依法做出处理决定。监督检查不得影响被检查单位的正常生产经营活动。"

原安全生产条例之中没有关于检查职责的相关规定，但是《安全生产法》之中存在此项规定，专家意见稿之中增加此项规定，贯彻了《安全生产法》的相关精神和规定。

第四十七条【高风险危险化学品企业搬迁】　县级以上人民政府应当制定整治方案，依法对城区高风险危险化学品生产、储存企业进行搬迁或者采取必要的安全保障措施。

修改说明：依据《国务院关于坚持科学发展安全发展促进安全生产形势持续稳定好转的意见》（国发〔2011〕40号）严格危险化学品

安全管理。全面开展危险化学品安全管理现状普查评估，建立危险化学品安全管理信息系统。科学规划化工园区，优化化工企业布局，严格控制城镇涉及危险化学品的建设项目。各地区要积极研究制定鼓励支持政策，加快城区高风险危险化学品生产、储存企业搬迁。地方各级人民政府要组织开展地下危险化学品输送管道设施安全整治，加强和规范城镇地面开挖作业管理。继续推进化工装置自动控制系统改造。切实加强烟花爆竹和民用爆炸物品的安全监管，深入开展"三超一改"（超范围、超定员、超药量和擅自改变工房用途）和礼花弹等高危产品专项治理。

原条例之中没有此项规定国务院在对安全生产的细化的规定之中设立了此项规定，此次专家意见稿将这一要求写入条例之中，贯彻了相关规定的精神。

第四十八条【安全生产事项审批】 依法对涉及安全生产事项实施行政审批的政府部门或者机构，应当承担审批后对被审批人从事行政审批事项活动的监督责任。

政府部门或者机构工作人员对涉及安全生产的事项进行审查、验收时，应当坚持标准，不得弄虚作假；不得要求接受检查、验收的单位购买其指定的安全设备、器材或者其他产品。

修改说明：依据原《吉林省安全生产条例》第三十五条　县级以上人民政府安全生产监督管理部门和其他有关部门工作人员，对涉及安全生产的事项进行检查、验收时应当坚持标准，不得弄虚作假；不得要求接受检查、验收的单位购买其指定的安全设备、器材或者其他产品。《国务院关于特大安全事故行政责任追究的规定》（中华人民共和国国务院令第302号）第十二条　对依照本规定第十一条第一款的规定取得批准的单位和个人，负责行政审批的政府部门或者机构必须对其实施严格监督检查；发现其不再具备安全条件的，必须立即撤销原批准。负责行政审批的政府部门或者机构违反前款规定，不对取得批准的单位和个人实施严格监督检查，或者发现其不再具备安全条件而不立即撤销原批准的，对部门或者机构的正职负责人，根据情节轻重，给予降级或者撤职的行政处分；构成受贿罪、玩忽职守罪或者其他罪的，依法追究刑事责任。

国务院的相关规定和新修改的《安全生产法》中更为注重对于法律责任的规定，也对于法律责任的相关内容进行了大量修改，对监督责任也更为重视，虽然与本条对应的安全生产法发条并没有修改，但是，应该贯彻整体性，增加关于相关责任的规定。最终增加了"依法对涉及安全生产事项实施行政审批的政府部门或者机构，应当承担审批后对被审批人从事行政审批事项活动的监督责任"。作为第一款。

第四十九条【中介机构管理】 承担安全评价、认证、检测、检验的中介机构应当具备国家规定的资质条件，在资质许可的范围内从事安全生产中介服务，并对其做出的评价、认证、检测、检验的结果负责。

负有安全生产监督管理职责的部门在对生产经营单位检查时，发现中介机构从事中介服务时有弄虚作假等问题，应向其资质批准部门书面报告。

修改说明：依据原《吉林省安全生产条例》第三十六条 承担安全评价、认证、检测、检验的中介机构应当具备国家规定的资质条件，在资质许可的范围内从事安全生产中介服务，并对其做出的评价、认证、检测、检验的结果负责。

新修改的《安全生产法》中对于监管职责有了更为严格的规定，所以为了增强监管，专家意见稿增加了"负有安全生产监督管理职责的部门在对生产经营单位检查时，发现中介机构从事中介服务时有弄虚作假等问题，应向其资质批准部门书面报告"。作为第二款。

第五十条【信息发布】 负有安全生产监督管理职责的部门应当采用公告、新闻发布会等形式，向社会公布本行政区安全生产状况和生产安全事故的信息。

负有安全生产监督管理职责的部门应当建立、健全安全生产综合信息网络平台，实现信息资源共享，提供行政审批、行政执法、法律咨询、重大危险源管理、事故预警、应急救援、事故调查、生产经营单位安全生产信用公告和违法行为记录等相关信息，并向社会公开。

建立安全生产失信惩戒制度。负有安全生产监督管理职责的部门应当建立安全生产违法行为信息库，如实记录生产经营单位违法信息。对违法行为情节严重的生产经营单位，应当向社会公告，并通报行业主管部门、投资主管部门、国土资源主管部门、证券监督管理机构以及有关金融机构。

修改说明：依据《安全生产法》第七十五条："负有安全生产监督管理职责的部门应当建立安全生产违法行为信息库，如实记录生产经营单位的安全生产违法行为信息；对违法行为情节严重的生产经营单位，应当向社会公告，并通报行业主管部门、投资主管部门、国土资源主管部门、证券监督管理机构以及有关金融机构。"第八十三条："事故调查处理应当按照科学严谨、依法依规、实事求是、注重实效的原则，及时、准确地查清事故原因，查明事故性质和责任，总结事故教训，提出整改措施，并对事故责任者提出处理意见。事故调查报告应当依法及时向社会公布。事故调查和处理的具体办法由国务院制定。"第八十六条："县级以上地方各级人民政府安全生产监督管理部门应当定期统计分析本行政区域内发生生产安全事故的情况，并定期向社会公布。"《国务院关于印发社会信用体系建设规划纲要（2014—2020年）的通知》（国发〔2014〕21号）一、社会信用体系建设总体思路；二、推进重点领域诚信建设。

2014年安全生产法增加了第七十五条关于信息发布的具体规定，要求建立信息库并通报有关部门，修改安全生产条例时，也应该增加并细化关于信息发布的相关内容。同时兼顾其他条款和国务院的相关规定增加了第二款和第三款，并将第一款中"本辖区"改为"本行政区"。

第四章　生产安全事故的应急救援与调查处理

第五十一条【应急救援体系建设】 各级人民政府应当加强生产安全事故应急能力建设，在矿山、化工产业聚集区、森工、轨道交通等重点行业、领域建立应急救援基地和应急救援队伍，鼓励生产经营单位和其他社会力量建立应急救援队伍，配备相应的应急救援装备和物资，提高应急救援的专业化水平。

负有安全生产监督管理职责的部门应当建立健全相应行业、领域的生产安全事故应急救援信息系统。

修改说明：依据《安全生产法》第七十六条："国家加强生产安全事故应急能力建设，在重点行业、领域建立应急救援基地和应急救援队伍，鼓励生产经营单位和其他社会力量建立应急救援队伍，配备相应的应急救援装备和物资，提高应急救援的专业化水平。国务院安全生产监督管理部门建立全国统一的生产安全事故应急救援信息系统，国务院有关部门建立健全相关行业、领域的生产安全事故应急救援信息系统。"

原条文第三十七条对建设应急救援体系的阐述并不清晰，根据《安全生产法》第七十六条，增设修订意见第五十一条，清晰明确的规范各级政府及负有安全生产监督管理职责的部门应承担的职责。

第五十二条【政府应急预案】 县级以上人民政府应当组织有关部门制定本行政区域内生产安全事故应急救援预案，建立应急救援体系。

市、县级人民政府应急救援预案经本级人民政府主要负责人签署后报上一级人民政府备案。

修改说明：依据原《吉林省安全生产条例》第三十七条："县级以上人民政府应当组织有关部门制定本行政区域内重大、特大生产安全事故应急救援预案，建立应急救援体系。预案经当地人民政府主要负责人签署后报上一级人民政府备案，并定期组织演练。"

原条文三十七条第一款删去"重大、特大"，对于"重大、特大"的确定并不能做到十分精确，因此在作为行为调整规范的法律规范中，仅强调"重大、特大"并不严谨。第二款对需进行备案的主体进行规范，备案只能在本行政区域内进行，因此需要向上一级人民政府备案的主体应该是市、县级人民政府，不包括省人民政府，因此这里应对需进行备案的主体进行明确规范，依照第一款使用县级以上人民政府的概念外延不准确；将"并定期组织演练"删去，修改依据为《安全生产法》第七十八条，定期组织应急救援演练的主体为生产经营单位，而不是当地人民政府。

第五十三条【生产经营单位应急预案】　生产经营单位应当根据本单位存在的危险源和风险等因素，在风险评估基础上制定本单位生产安全事故应急救援预案，与所在地县级以上人民政府组织制定的生产安全事故应急救援预案相衔接，重点岗位应当制定应急处置卡。

遇到险情时，生产现场带班人员、班组长和调度人员具有第一时间下达停产撤人命令的直接决策权和指挥权。

生产经营单位应当组织开展岗位应急知识教育和自救互救、避险逃生技能培训。

生产经营单位每年应当至少组织一次综合应急救援预案或者专项应急救援预案演练，每半年至少组织一次现场处置方案演练，每三年至少修订一次应急救援预案，修订情况应当有记录并归档。

修改说明：依据《安全生产法》第七十八条："生产经营单位应当制定本单位生产安全事故应急救援预案，与所在地县级以上地方人民政府组织制定的生产安全事故应急救援预案相衔接，并定期组织演练。"《企业安全生产应急管理九条规定》（总局令第74号）四、必须在风险评估的基础上，编制与当地政府及相关部门相衔接的应急预案，重点岗位制定应急处置卡，每年至少组织一次应急演练。五、必须开展从业人员岗位应急知识教育和自救互救、避险逃生技能培训，并定期组织考核。《国务院关于进一步加强企业安全生产工作的通知》（国发〔2010〕23号）17. 完善企业应急预案。企业应急预案要与当地政府应急预案保持衔接，并定期进行演练。赋予企业生产现场带班人员、班组长和调度人员在遇到险情时第一时间下达停产撤人命令的直接决策权和指挥权。因撤离不及时导致人身伤亡事故的，要从重追究相关人员的法律责任。《生产安全事故应急预案管理办法》（国家安全监管总局令第17号）第二十六条　生产经营单位应当制定本单位的应急预案演练计划，根据本单位的事故预防重点，每年至少组织一次综合应急预案演练或者专项应急预案演练，每半年至少组织一次现场处置方案演练。第二十九条　地方各级安全生产监督管理部门制定的应急预案，应当根据预案演练、机构变化等情况适当修订。生产经营单位制定的应急预案应当至少每3年修订一次，预案修订情况应有记录并归档。

根据以上条款，在实践中，生产经营单位存在着忽视应急救援预案制定、培训、演练的问题，造成严重后果，因此有必要通过地方性法规的专门规定，强化生产经营单位的法律意识。《吉林省安全生产条例》作为地方性法规的专门规定，应当对生产经营单位应急预案的建立规范更加详尽，将原条文分为四个条款，详尽地规范了生产经营单位如何建立完善以及实践演练应急救援预案。

第五十四条【生产经营单位组织抢救保护现场】　生产经营单位发生生产安全事故后，应当立即启动事故相应应急预案，或采取有效措施组织抢救，防止事故扩大，减少人员伤亡和财产损失。

事故发生后，有关单位和人员应当妥善保护事故现场以及相关证据。

因抢救人员、防止事故扩大以及疏通交通等原因，需要移动事故现场物件的，应当做出标志，绘制现场简图并做出书面记录，妥善保存现场重要痕迹、物证。

修改说明：依据《生产安全事故报告和调查处理条例》（国务院令第493号）第十四条　事故发生单位负责人接到事故报告后，应当立即启动事故相应应急预案，或者采取有效措施，组织抢救，防止事故扩大，减少人员伤亡和财产损失。第十六条　事故发生后，有关单位和人员应当妥善保护事故现场以及相关证据，任何单位和个人不得破坏事故现场、毁灭相关证据。因抢救人员、防止事故扩大以及疏通交通等原因，需要移动事故现场物件的，应当做出标志，绘制现场简图并做出书面记录，妥善保存现场重要痕迹、物证。

原条文有三层涵义，应分为三个条款，依据《生产安全事故报告和调查处理条例》第十四条、第十五条，根据条例的整体逻辑，对原第四十条进行梳理。

第五十五条【事故报告】　生产经营单位发生生产安全事故后，事故现场有关人员应当立即报告本单位负责人。单位负责人接到报告后，应当于一小时内向事故发生地县级以上人民政府安全生产监督管理部门和其他负有安全生产监督管理职责的有关部门报告。

情况紧急时，事故现场有关人员可以直接向事故发生地县级以上人民政府安全生产监督管理部门和其他负有安全生产监督管理职责的有关部门报告。

安全生产监督管理部门和其他负有安全生产监督管理职责的部门接到事故报告后，应当依照有关规定及时上报。

修改说明：依据：《生产安全事故报告和调查处理条例》（国务院令第493号）事故发生后，事故现场有关人员应当立即向本单位负责人报告；单位负责人接到报告后，应当于1小时内向事故发生地县级以上人民政府安全生产监督管理部门和负有安全生产监督管理职责的有关部门报告。情况紧急时，事故现场有关人员可以直接向事故发生地县级以上人民政府安全生产监督管理部门和负有安全生产监督管理职责的有关部门报告。

原条文依据《生产安全事故报告和调查处理条例》（国务院令第493号）第九条进行补充和完善，将生产安全事故发生后，生产经营单位负责人极其有关人员、安全生产监督管理部门和其他负有安全生产监督管理职责的部门的责任分工做出了明确的界定。

第五十六条【提级调查、挂牌督办】　县级以上人民政府应当按照事故等级和管辖权限，依法开展调查。上级人民政府认为必要时，可以调查由下级人民政府负责调查的事故。

按规定由市级人民政府负责查处的较大事故、县级人民政府负责查处的一般事故，分别由上一级人民政府安全生产委员会负责督办。对典型的一般事故，可以由省级人民政府安全生产委员会直接督办。

修改说明：依据《国务院办公厅关于加强安全生产监管执法的通知》（国办发〔2015〕20号）（六）进一步严格事故调查处理。各类生产安全事故发生后，各级人民政府必须按照事故等级和管辖权限，依法开展事故调查，并通知同级人民检察院介入调查。完善事故查处挂牌督办制度，按规定由省级、市级和县级人民政府分别负责查处的重大、较大和一般事故，分别由上一级人民政府安全生产委员会负责挂牌督办、审核把关。对性质严重、影响恶劣的重大事故，经国务院批准后，成立国务院事故调查组或由国务院授权有关部门组织事故调查组进行调查。对典型的较大事故，可由国务院安全生产委员会直接督办。建立事故调查处理信息通报和整改措施落实情况评估制度，所有事故都要在规定时限内结案并依法及时向社会全文公布事故调查报告，同时由负责查处事故的地方人民政府在事故结案1年后及时组织开展评估，评估情况报上级人民政府安全生产委员会办公室备案。《生产安全事故报告和调查处理条例》（国务院令第493号）第二十条上级人民政府认为必要时，可以调查由下级人民政府负责调查的事故。自事故发生之日起 30 日内（道路交通事故、火灾事故自发生之日起 7 日内），因事故伤亡人数变化导致事故等级发生变化，依照本条例规定应当由上级人民政府负责调查的，上级人民政府可以另行组织事故调查组进行调查。

本条对政府的权限按照事故等级和权限进行了划分，明确了各级政府的职责，防止政府之间互相推诿扯皮，更好的依据分工履行职责。

第五十七条【事故统计】　公安、消防、道路交通、铁路、民航、卫生、住房和城乡建设、人力资源和社会保障等部门和单位，应当定期将生产安全事故统计报表或者工伤统计报表抄送同级安全生产监督管理部门。

修改说明：原《吉林省安全生产条例》第四十四条"公安、消防、道路交通、铁路、民航、卫生、劳动与社会保障等部门和单位，应当将生产安全事故统计报表或者工伤统计报表定期抄送同级安全生产监督管理部门。"

本条对于事故统计的部门，增加了住房和城乡建设、人力资源三个部门，使得安全生产监督管理部门能够更好地监督安全事故，保障人民生命财产安全。

第五章　法律责任

第五十八条　违反本条例规定的行为，有关法律、行政法规已有处罚规定的，适用其规定。

修改说明：本条为新增条款，意在使《吉林省安全生产条例》在不与上位法相冲突、相重复的前提下运行；使得《安全生产法》中已存在的相关规定能够更好地贯彻和实施。

第五十九条　在规定时间内生产经营单位未实现安全生产标准化岗位达标、专业达标和单位达标规定的，责令生产经营单位停产整顿，或暂扣其生产经营单位生产许可证、安全生产许可证。

修改说明：依据《国务院关于进一步加强企业安全生产工作的通知》（国办发〔2010〕23号）第七条"全面开展安全达标。深入开展以岗位达标、专业达标和企业达标为内容的安全生产标准化建设，凡在规定时间内未实现达标的企业要依法暂扣其生产许可证、安全生产许可证，责令停产整顿；对整改逾期未达标的，地方政府要依法予以关闭。"

新增条款，增加了对生产经营单位未达标的处罚。

第六十条　生产经营单位的主要负责人未履行本条例规定的安全生产管理职责的，责令限期改正；逾期未改正的，处二万元以上五万元以下的罚款，责令生产经营单位停产停业整顿。

生产经营单位的主要负责人有前款违法行为，导致发生生产安全事故的，给予撤职处分；构成犯罪的，依照刑法有关规定追究刑事责任。

生产经营单位的主要负责人依照前款规定受刑事处罚或者撤职处分的，自刑罚执行完毕或者受处分之日起，五年内不得担任任何生产经营单位的主要负责人；对重大、特别重大生产安全事故负有责任的，终身不得担任本行业生产经营单位的主要负责人。

修改说明：依据《安全生产法》第九十一条"生产经营单位的主要负责人未履行本法规定的安全生产管理职责的，责令限期改正；逾期未改正的，处二万元以上五万元以下的罚款，责令生产经营单位停产停业整顿。生产经营单位的主要负责人有前款违法行为，导致发生生产安全事故的，给予撤职处分；构成犯罪的，依照刑法有关规定追究刑事责任。生产经营单位的主要负责人依照前款规定受刑事处罚或者撤职处分的，自刑罚执行完毕或者受处分之日起，五年内不得担任任何生产经营单位的主要负责人；对重大、特别重大生产安全事故负有责任的，终身不得担任本行业生产经营单位的主要负责人。"

2014年《安全生产法》进行修改，《吉林省安全生产条例》是对《安全生产法》进行贯彻实施，主要负责人的责任应与修改后的《安全生产法》一致。故对原条例第五十条进行修改。

第六十一条　生产经营单位有下列行为之一的，责令限期改正，可以处五万元以下的罚款；逾期未改正的，责令停产停业整顿，并处五万元以上十万元以下的罚款，对其直接负责的主管人员和其他直接责任人员处一万元以上二万元以下的罚款：

（一）未按照法律规定设置安全生产管理机构或者配备安全生产管理人员的；

（二）危险物品的生产、经营、储存单位以及矿山、金属冶炼、建筑施工、道路运输单位的主要负责人和安全生产管理人员未按照规定经考核合格的；

（三）未按照本条例规定对从业人员、被派遣劳动者、实习学生进行安全生产教育和培训的；

（四）未如实记录安全生产教育和培训情况的；

（五）特种作业人员未按照规定经专门的安全作业培训并取得相应资格，上岗作业的；

（六）未按照本条例规定制定生产安全事故应急救援预案或者未定期组织演练的；

（七）未将事故隐患排查治理情况应当如实记录，或者未向从业人员通报的。

修改说明：依据《安全生产法》的第九十四条"生产经营单位有下列行为之一的，责令限期改正，可以处五万元以下的罚款；逾期未改正的，责令停产停业整顿，并处五万元以上十万元以下的罚款，对其直接负责的主管人员和其他直接责任人员处一万元以上二万元以下的罚款：（一）未按照规定设置安全生产管理机构或者配备安全生产管理人员的；（二）危险物品的生产、经营、储存单位以及矿山、金属冶炼、建筑施工、道路运输单位的主要负责人和安全生产管理人员未按照规定经考核合格的；（三）未按照规定对从业人员、被派遣劳动者、实习学生进行安全生产教育和培训，或者未按照规定如实告知有关的安全生产事项的；（四）未如实记录安全生产教育和培训情况的；（五）未将事故隐患排查治理情况如实记录或者未向从业人员通报的；（六）未按照规定制定生产安全事故应急救援预案或者未定期组织演练的；（七）特种作业人员未按照规定经专门的安全作业培训并取得相应资格，上岗作业的。"《生产经营单位安全培训规定》（总局令第3号）第三十条 "生产经营单位有下列行为之一的，由安全生产监管监察部门责令其限期改正；逾期未改正的，责令停产停业整顿，并处2万元以下的罚款：（一）煤矿、非煤矿山、危险化学品、烟花爆竹等生产经营单位主要负责人和安全管理人员未按本规定经考核合格的；（二）非煤矿山、危险化学品、烟花爆竹等生产经营单位未按照本规定对其他从业人员进行安全培训的；（三）非煤矿山、危险化学品、烟花爆竹等生产经营单位未如实告知从业人员有关安全生产事项的；（四）生产经营单位特种作业人员未按照规定经专门的安全培训机构培训并取得特种作业人员操作资格证书，上岗作业的。县级以上地方人民政府负责煤矿安全生产监督管理的部门发现煤矿未按照本规定对井下作业人员进行安全培训的，责令限期改正，处10万元以上50万元以下的罚款；逾期未改正的，责令停产停业整顿。煤矿安全监察机构发现煤矿特种作业人员无证上岗作业的，责令限期改正，处10万元以上50万元以下的罚款；逾期未改正的，责令停产停业整顿。"

2014年《安全生产法》进行了修改，《吉林省安全生产条例》是对《安全生产法》进行贯彻实施，《安全生产法》对生产经营单位的处罚已经变更，故对生产经营单位的处罚做出更加细致的规定。

第六十二条　生产经营单位有下列行为之一的，责令限期改正，可以处五万元以下的罚款；逾期未改正的，处五万元以上二十万元以下的罚款，对其直接负责的主管人员和其他直接责任人员处一万元以上二万元以下的罚款；情节严重的，责令停产停业整顿；构成犯罪的，依照刑法有关规定追究刑事责任：

（一）未在有较大危险因素的生产经营场所和有关设施、设备上设置明显的安全警示标志的；

（二）安全设备的安装、使用、检测、改造和报废不符合国家标准或者行业标准的；

（三）未对安全设备建立台账、制定检维修计划、如实记录检维修情况的；

（四）未为从业人员、被派遣劳动者、实习学生提供符合国家标准或者行业标准的劳动防护用品的；

（五）危险物品的容器、运输工具，以及涉及人身安全、危险性较大的矿山井下特种设备未经具有专业资质的机构检测、检验合格，取得安全使用证或者安全标志，投入使用的；

（六）使用应当淘汰的危及生产安全的工艺、设备的。

修改说明：依据《安全生产法》第九十六条"生产经营单位有下列行为之一的，责令限期改正，可以处五万元以下的罚款；逾期未改正的，处五万元以上二十万元以下的罚款，对其直接负责的主管人员和其他直接责任人员处一万元以上二万元以下的罚款；情节严重的，责令停产停业整顿；构成犯罪的，依照刑法有关规定追究刑事责任：（一）未在有较大危险因素的生产经营场所和有关设施、设备上设置明显的安全警示标志的；（二）安全设备的安装、使用、检测、改造和报废不符合国家标准或者行业标准的；（三）未对安全设备进行经常性维护、保养和定期检测的；（四）未为从业人员提供符合国家标准或者行业标准的劳动防护用品的；（五）危险物品的容器、运输工具，以及涉及人身安全、危险性较大的海洋石油开采特种设备和矿山井下特种设备未经具有专业资质的机构检测、检验合格，取得安全使用证或者安全标志，投入使用的；（六）使用应当淘汰的危及生产安全的工艺、设备的。"

2014 年《安全生产法》进行修改，对生产经营单位的处罚做出变更，因此对生产经营单位违反相关规定的行为处罚做出更加细化的规定。

第六十三条　生产经营单位未建立事故隐患排查治理制度的，责令限期改正，可以处十万元以下的罚款；逾期未改正的，责令停产停业整顿，并处十万元以上二十万元以下的罚款，对其直接负责的主管人员和其他直接责任人员处二万元以上五万元以下的罚款。

修改说明：依据《安全生产事故隐患排查治理暂行规定》第二十六条："生产经营单位违反本规定，有下列行为之一的，由安全监管监察部门给予警告，并处三万元以下的罚款：（一）未建立安全生产事故隐患排查治理等各项制度的；（二）未按规定上报事故隐患排查治理统计分析表的；（三）未制定事故隐患治理方案的；（四）重大事故隐患不报或者未及时报告的；（五）未对事故隐患进行排查治理擅自生产经营的；（六）整改不合格或者未经安全监管监察部门审查同意擅自恢复生产经营的。"

对于事故隐患的处罚，做出分级细化的规定，并增加关于罚款的行政处罚。

第六十四条　生产经营单位存在粉尘爆炸危险的作业场所有下列情形之一的，责令改正；逾期不改正的，责令停产停业整顿，并处十万元以上五十万元以下的罚款，对其直接负责的主管人员和其他直接责任人员处二万元以上五万元以下的罚款：

（一）作业场所设置在居民区、不符合规定的多层房、安全间距不符合规定的厂房内的；

（二）使用不符合标准的通风除尘系统，违规使用压缩空气对积累或聚集的粉尘进行吹扫清理的；在除尘系统停运期间或者粉尘超标时，未立即停止作业并撤出作业人员的；

（三）使用不符合标准的防爆电气设备，在作业场所使用各类明火和违规使用作业工具的；

（四）从业人员不按规定佩戴、使用防尘、防静电等劳动防护用品上岗的；

（五）未配备铝镁等金属粉尘生产、收集、贮存的防水防潮设施的；

（六）对有过热可能的设备和装置未按规定安装连续监测温度设备的。

修改说明：依据参见《黑龙江省安全生产条例》第九十八条："生产经营单位违反本条例规定有下列行为之一的，责令限期改正；逾期不改正的，责令停产停业整顿：（一）存在粉尘爆炸危险的作业场所违反本条例第二十七条规定的；（二）人员密集场所违反本条例第三十二条规定的；（三）地下经营场所违反本条例第五十五条、第五十六条、第五十七条、第五十八条、第五十九条规定的。"

对于粉尘爆炸危险的作业场所存在的危险情况列入法规规定，明确相应的处罚，以减少粉尘爆炸事故的发生。

第六十五条　生产经营单位未建立健全特种作业人员档案的，给予警告，并处一万元以下的罚款。

修改说明：《特种作业人员安全技术培训考核管理规定》（总局令第30号）第三十九条："产经营单位未建立健全特种作业人员档案的，给予警告，并处1万元以下的罚款。"

新增条款，对于特种作业人员，应当建立其档案，违者予以警告、罚款。

第六十六条 矿山新招的井下作业人员和危险物品生产经营单位新招的危险工艺操作岗位人员，未经实习期满独立上岗作业的，责令改正，并处三万元以下的罚款。

修改说明：依据《安全生产培训管理办法》（总局令第44号）第三十六条："生产经营单位有下列情形之一的，责令改正，处3万元以下的罚款：（一）从业人员安全培训的时间少于《生产经营单位安全培训规定》或者有关标准规定的；（二）矿山新招的井下作业人员和危险物品生产经营单位新招的危险工艺操作岗位人员，未经实习期满独立上岗作业的；（三）相关人员未按照本办法第十二条规定重新参加安全培训的。"

本条是本章新增条款，对于危险岗位的上岗作业人员，必须经过严格的培训，在实习期就上岗的要受到处罚。

第六十七条 金属冶炼生产经营单位有下列情形之一的，责令改正，并处一万元以上三万元以下的罚款：

（一）会议室、活动室、休息室、更衣室等人员密集场所设置在高温液态金属吊运影响范围内的；

（二）在煤气储罐区等可能发生煤气泄漏、聚集的场所，未设置固定式煤气检测报警仪，未建立预警系统的；

（三）进入煤气区域作业的人员，未携带煤气检测报警仪器的。

修改说明：依据《冶金企业安全生产监督管理规定》（总局令第26号）第三十七条："冶金企业违反本规定第二十一条、第二十三条、第二十四条、第二十七条规定的，给予警告，并处1万元以上3万元以下的罚款。"第二十一条："冶金企业的会议室、活动室、休息室、更衣室等人员密集场所应当设置在安全地点，不得设置在高温液态金属的吊运影响范围内。"第二十三条："冶金企业应当在煤气储罐区等可能发生煤气泄漏、聚集的场所，设置固定式煤气检测报警仪，建立预警系统，悬挂醒目的安全警示牌，并加强通风换气。进入煤气区域作业的人员，应当携带煤气检测报警仪器；在作业前，应当检查作业场所的煤气含量，并采取可靠的安全防护措施，经检查确认煤气含量符合规定后，方可进入作业。"第二十四条："氧气系统应当采取可靠的安全措施，防止氧气燃爆事故以及氮气、氩气、珠光砂窒息事故。"第二十七条："冶金企业应当根据本单位的安全生产实际状况，科学、合理确定煤气柜容积，按照《工业企业煤气安全规程》（GB6222）的规定，合理选择柜址位置，设置安全保护装置，制定煤气柜事故应急预案。"

本条是本章新增条款，对于金属冶炼生产经营单位的相关责任做出明确的规定。

第六十八条　生产经营单位安全生产责任制违反本条例第十四条规定的，责令限期改正；逾期未改正的，处二千元以上二万元以下罚款。

修改说明：本条为创设条款。

第六十九条　烟花爆竹批发单位在城市建成区内设立烟花爆竹储存仓库，或者在批发（展示）场所摆放有药样品的，责令其限期改正，处五千元以上三万元以下的罚款。

修改说明：本条是本章新增条款，依据《烟花爆竹经营许可实施办法》（总局令第65号）第三十二条："批发企业有下列行为之一的，责令其限期改正，处5000元以上3万元以下的罚款：（一）在城市建成区内设立烟花爆竹储存仓库，或者在批发（展示）场所摆放有药样品的。"

本条为新增条款，对于烟花爆竹的安全事项做出规定。

第七十条　在所辖区域对群众举报、日常检查发现的非法生产经营单位没有采取有效措施予以查处，致使非法生产经营单位存在的，对县（市、区）、乡（镇）人民政府以及街道办事处、开发区管理机构等地方人民政府派出机关主要负责人以及相关责任人，根据情节轻重，给予降级、撤职或者开除的处分，构成犯罪的，依法追究刑事责任。

修改说明：依据《国务院关于进一步加强企业安全生产工作的通知》（国发〔2010〕23号）31. 对打击非法生产不力的地方实行严格的责任追究。在所辖区域对群众举报、上级督办、日常检查发现的非法生产企业（单位）没有采取有效措施予以查处，致使非法生产企业（单位）存在的，对县（市、区）、乡（镇）人民政府主要领导以及相关责任人，根据情节轻重，给予降级、撤职或者开除的行政处分，涉嫌犯罪的，依法追究刑事责任。国家另有规定的，从其规定。

本条是本章新增条款，有利于督促政府相关部门更好的履行职责。

第七十一条【政府和部门负责人违法】 各级人民政府和有关部门的负责人对发生重大以上生产安全事故造成重大损失或者恶劣影响负有全面领导责任、直接领导责任的，应当依法给予处分，可以建议其引咎辞职，或者责令辞职。

修改说明：依据原《吉林省安全生产条例》第五十一条："按照本条例第五条规定，人民政府和有关部门的负责人对发生重大、特大生产安全事故造成重大损失或者恶劣影响负有全面领导责任、直接领导责任的，应当依法给予行政处分，或者建议其引咎辞职，或者责令辞职。"

本条未做大的变动，仅对部分词语进行修改，使其责任更加明确、具体。

第七十二条【工作人员违法】 各级人民政府及其有关部门有下列情形之一的，对直接负责的主管人员和其他直接责任人员依法给予处分；构成犯罪的，依法追究刑事责任：

（一）未及时协调解决因外部原因给生产经营单位造成事故隐患或者其他不安全因素的；

（二）未能有效组织救援致使生产安全事故损害扩大的；

（三）对生产安全事故隐瞒不报、谎报或者迟报的；

（四）对检查、验收不坚持标准，出具虚假材料的；

（五）要求被检查、验收的单位购买其指定的安全设备、器材或者其他产品的；

（六）阻挠、干涉生产安全事故调查处理或者责任追究的；

（七）其他玩忽职守、滥用职权、徇私舞弊行为。

修改说明：依据原《吉林省安全生产条例》第五十二条："各级人民政府和安全生产监督管理部门以及其他有关部门有下列情形之一的，对直接负责的主管人员和其他直接责任人员依法给予行政处分；构成犯罪的，依法追究刑事责任：（一）不及时协调解决因外部原因给生产经营单位造成事故隐患或者其他不安全因素的；（二）未能有效组织救援致使生产安全事故损害扩大的；（三）对生产安全事故隐瞒不报、谎报或者拖延不报的；（四）对检查、验收不坚持标准，出具虚假材料的；（五）要求被检查、验收的单位购买其指定的安全设备、器材或者其他产品的；（六）阻挠、干涉生产安全事故调查处理或者责任追究的；（七）其他玩忽职守、滥用职权、徇私舞弊行为。"

本条未做大的变动，将原条例中的"拖延不报"修改为"迟报"，防止相关机关推脱责任。

第七十三条　本条例规定的行政处罚由负有安全生产监督管理职责的部门按照职责分工决定。

修改说明：依据《安全生产法》第一百一十条："本法规定的行政处罚，由安全生产监督管理部门和其他负有安全生产监督管理职责的部门按照职责分工决定。予以关闭的行政处罚由负有安全生产监督管理职责的部门报请县级以上人民政府按照国务院规定的权限决定；给予拘留的行政处罚由公安机关依照治安管理处罚法的规定决定。"

本条是本章新增条款，对行政处罚的主体做出较为明确的规定。

第六章　附则

第七十四条【生效日期】 本条例自＿＿＿年＿月＿日起施行。2005年6月1日施行的《吉林省安全生产条例》同时废止。

修改说明：实施日期的规定，同时标明原条例的废止时间。

附1:《吉林省安全生产条例》修改对照表

《吉林省安全生产条例》修改对照表

修订前	修订后（专家建议稿）
第一章　总　则	
第一条　为了加强安全生产<u>监督管理</u>，防止和减少生产安全事故，保障人民群众生命和财产安全，促进经济发展，根据《中华人民共和国安全生产法》和有关法律、行政法规，结合本省实际，制定本条例。	第一条　为了加强安全生产<u>工作</u>，防止和减少生产安全事故，保障人民群众生命和财产安全，促进经济<u>社会持续健康发展</u>，根据《中华人民共和国安全生产法》和有关法律、行政法规，结合本省实际，制定本条例。
第二条　<u>凡</u>在本省行政区域内从事生产经营活动的单位的安全生产，适用本条例。 有关法律、行政法规对消防安全和<u>道路交通安全、铁路交通安全、水上交通安全</u>、民用航空安全另有规定的，<u>从其规定</u>。	第二条　在本省行政区域内从事生产经营活动的单位（<u>以下统称生产经营单位</u>）的安全生产，适用本条例。 有关法律、行政法规对消防安全和<u>交通安全</u>、民用航空安全<u>以及核与辐射安全、特种设备安全等</u>另有规定的，<u>适用其</u>规定。
第三条　安全生产工作<u>必须坚持</u>安全第一、预防为主的方针。	第三条　安全生产工作<u>应当以人为本，坚持安全发展，坚持</u>安全第一、预防为主<u>、综合治理</u>的方针。<u>建立生产经营单位负责、职工参与、政府监管、行业自律和社会监督的机制。</u>

修订前	修订后（专家建议稿）
第四条　生产经营单位是安全生产的责任主体，必须依法加强安全生产管理，建立健全安全生产责任制度。 生产经营单位的主要负责人对本单位的安全生产工作负全面责任；其他负责人对各自分管范围内的安全生产工作负直接责任。	第四条　生产经营单位应当严格落实安全生产的主体责任，加强安全生产管理，建立健全安全生产责任制度和安全生产规章制度，改善安全生产条件，全面推进以岗位达标、专业达标和企业达标为内容的安全生产标准化建设，确保安全生产。 生产经营单位的主要负责人对本单位的安全生产工作全面负责；其他分管负责人对分管工作范围内对应的安全生产工作承担相应职责。
第五条　各级人民政府及其有关部门的主要负责人对本行政区域、本部门安全生产工作负全面领导责任；其他负责人对分管范围内的安全生产工作负直接领导责任。	第七条　县级以上人民政府及其有关部门的主要负责人是本地区、本部门安全生产第一责任人，应当定期研究部署安全生产工作，及时组织解决安全生产重点难点问题；其他分管负责人对分管工作范围内对应的安全生产工作承担相应职责。
第六条　各级人民政府应当加强对安全生产工作的领导，支持、督促各有关部门依法履行安全生产监督管理职责，及时协调、解决安全生产监督管理中存在的重大问题。 各级人民政府应当将安全生产工作纳入当地国民经济和社会发展规划，鼓励和支持安全生产科研和先进技术推广应用。 第八条　乡镇人民政府和街道办事处应当确定分管负责人和专职或者兼职人员管理本辖区内的安全生产工作。	第五条　县级以上人民政府应当根据国民经济和社会发展规划制定安全生产规划，并组织实施。安全生产规划应当与城乡规划及其他相关专项规划相衔接。 县级以上人民政府应当加强对安全生产工作的领导，支持、督促各有关部门依法履行安全生产监督管理职责，建立健全安全生产工作协调机制，统筹协调本行政区域内安全生产工作的重大事项。 乡、镇人民政府以及街道办事处、开发区管理机构等地方人民政府派出机关应当按照职责，对所辖区域内生产经营单位安全生产状况实施监督检查，协助上级人民政府有关部门依法履行安全生产监督管理职责。 第十一条　鼓励、支持安全生产科学技术研究、专业技术和技能人才培养以及先进技术的推广应用。

修订前	修订后（专家建议稿）
第七条　县级以上人民政府安全生产监督管理部门对本行政区域内安全生产工作实施综合监督管理，指导、协调和监督其他负有安全生产监督管理职责的部门依法履行安全生产监督管理职责。 县级以上人民政府其他有关部门依法在各自的职责范围内对有关的安全生产工作实施监督管理。	第六条　县级以上人民政府安全生产监督管理部门依法对本行政区域内的安全生产工作实施综合监督管理，指导协调、监督检查同级人民政府有关部门和下级人民政府履行安全生产监督管理职责。 县级以上人民政府有关行业、领域的安全生产监督管理部门在各自的职责范围内对本行业、本领域的安全生产工作负责并实施监督管理。 安全生产监督管理部门和对有关行业、领域的安全生产工作实施监督管理的部门，统称负有安全生产监督管理职责的部门。
第八条　乡镇人民政府和街道办事处应当确定分管负责人和专职或者兼职人员管理本辖区内的安全生产工作。	【注】参见本列第五条
第九条　县级以上人民政府应当将安全生产监督管理的业务（事业）经费列入同级财政预算。 县级以上人民政府有关行政主管部门应当在年度项目计划中安排一定比例的资金，重点支持生产经营单位消除事故隐患、防治职业危害、生产安全应急救援、实施安全生产技术改造和安全科学技术研究项目。	第八条　县级以上人民政府应当将安全生产监督管理的业务（事业）经费列入同级财政预算。 县级以上人民政府有关行政主管部门应当在年度项目计划中安排一定比例的安全生产专项资金，重点用于生产经营单位消除事故隐患、职业病危害防治、生产安全应急救援、安全生产技术改造和安全科学技术研究项目等。
第十条　工会依法组织职工参加本单位安全生产工作的民主管理，对本单位执行安全生产法律法规的情况进行监督，维护职工在安全生产方面的合法权益。	第九条　生产经营单位的工会依法组织职工参加本单位安全生产工作的民主管理和民主监督，维护职工的合法权益。

修订前	修订后（专家建议稿）
第十一条 各级人民政府及其有关部门应当组织开展安全生产宣传教育和有关生产安全事故救援演习，提高公民的安全生产意识和事故防范、救护能力。 广播、电视、报刊、网络等单位应当认真履行安全生产宣传教育的义务，加强对安全生产的宣传和舆论监督。	第十条 各级人民政府及其有关部门应当加强安全生产法律法规和安全生产知识的宣传教育，开展普及安全知识、警示教育活动，增强全社会的安全生产意识，提高事故防范、救援能力。 广播、电视、报刊、网络通信等单位应当开展安全生产公益宣传教育，对安全生产进行舆论监督。
第十二条 县级以上人民政府及其有关部门应当对在改善安全生产条件、防止生产安全事故、参加抢险救护、举报安全生产违法行为等方面做出显著成绩或者有功的单位和个人，给予奖励。	第十二条 县级以上人民政府及其有关部门应当对在改善安全生产条件、防止生产安全事故、参加抢险救护、举报安全生产事故隐患和安全生产非法违法行为等方面做出显著成绩或者有功的单位和个人，给予奖励。
第二章 生产经营单位的安全生产保障	
第十三条 矿山、建筑施工单位和危险物品的生产、经营、储存单位，从业人员超过三百人的，应当设置安全生产管理机构；从业人员在三百人以下的，应当设置安全生产管理机构或者配备专职安全生产管理人员。	
第十四条 生产经营单位应当具备法律、法规和强制性标准规定的安全生产条件。不具备安全生产条件的，不得从事生产经营活动。 矿山、建筑施工单位和危险化学品、烟花爆竹、民用爆破器材等生产单位在生产前，应当依照《安全生产许可证条例》，向有关部门申请领取安全生产许可证。	第十三条 生产经营单位应当具备法律、行政法规和国家标准或者行业标准规定的安全生产条件。不具备安全生产条件的，不得从事生产经营活动。

修订前	修订后（专家建议稿）
	第十四条　生产经营单位的安全生产责任制应当明确主要负责人（含实际控制人）、分管负责人、各级管理人员、工程技术人员、各职能部门、分厂、车间、班组（工段）、岗位人员的安全生产职责，做到全员每个岗位都有明确的安全生产职责并与相应的职务、岗位匹配。 　　生产经营单位应当建立安全生产责任制的考核制度，并制定和实施考核标准，保证安全生产责任制的落实。
	第十五条　生产经营单位的主要负责人是本单位安全生产的第一责任人，对安全生产负全面责任，对本单位的安全生产工作履行下列职责： 　　（一）《中华人民共和国安全生产法》规定的职责； 　　（二）保证本单位安全生产管理机构的设置和安全生产管理人员的配备符合国家规定； 　　（三）生产安全事故发生之后应及时赶赴现场、指挥、组织救援； 　　（四）及时、如实报告生产安全事故； 　　（五）每月组织召开一次安全生产风险分析会议，分析、布置、督促、检查本单位防范生产安全事故的工作，发现问题，组织落实防范和应急处置措施，同时应将会议情况上报当地安全生产监督管理部门备案； 　　（六）定期向本单位职工代表大会通报安全生产工作情况。

续表

修订前	修订后（专家建议稿）
	第十六条　生产经营单位分管负责人的安全生产工作职责： （一）在分管工作范围内落实安全生产责任制，定期向主要负责人汇报分管工作范围内的安全生产情况； （二）分管工作范围内安全生产的督促、检查，及时消除事故隐患，落实重大危险源安全管理措施，开展安全生产标准化建设工作； （三）发生生产安全事故后，应当立即赶赴现场，组织抢救，保护现场，做好善后工作，执行事故处理决定。
第十五条　生产经营单位应当具备的安全生产条件所必需的资金投入，由生产经营单位的决策机构、主要负责人或者个人经营的投资人予以保证，并对由于安全生产所必需的资金投入不足导致的后果承担责任。 对矿山、建筑施工单位和危险化学品、烟花爆竹、民用爆破器材等生产单位实行安全费用提取制度。安全费用由企业自行提取，专户储存，专项用于安全生产。	第十七条　在生产经营单位年度财务预算中，必须确定保障安全生产条件的安全投入，由生产经营单位的决策机构、主要负责人或者个人经营的投资人予以保证，并对由于安全生产所必需的资金投入不足导致的后果承担责任。

修订前	修订后（专家建议稿）
	第十八条　生产经营单位应当主动识别和获取与本单位有关的安全生产法律法规、标准和规范性文件，结合本单位安全生产特点，将法律法规的有关规定和标准的有关要求转化为单位安全生产规章制度或安全操作规程及岗位标准的具体内容，规范全体员工的行为并应制定完善下列主要安全生产规章制度和岗位标准： 　　（一）安全生产责任制度及安全生产考核、奖惩制度； 　　（二）安全生产岗位检查、日常安全检查、专业性安全检查、负责人现场带班制度； 　　（三）重大危险源辨识、监控制度； 　　（四）生产安全事故隐患排查治理制度； 　　（五）安全生产资金投入和设备、设施保障制度； 　　（六）具有较大危险、危害因素的生产经营场所、设备和设施的安全管理制度； 　　（七）作业（含动火、进入受限空间、爆破、吊装、高处、盲板抽堵、动土、断路、临时用电作业、检维修、放射性、高危粉尘、高毒作业等）安全管理制度、作业票管理制度； 　　（八）安全生产教育、培训和持证上岗制度； 　　（九）劳动防护用品配备和使用管理制度以及职业健康措施保障制度； 　　（十）事故报告和应急救援制度； 　　（十一）安全生产管理台账、档案制度； 　　（十二）其他保障安全生产的规章制度。 　　生产经营单位的安全生产规章制度、安全操作规程每三年至少评审和修订一次，发生重大变更应及时修订。修订完善后，应当及时组织相关管理人员、作业人员培训学习。

续表

修订前	修订后（专家建议稿）
	第十九条　生产经营单位应当加强对单位从业人员的安全生产教育和培训工作，并应当符合下列规定： （一）《中华人民共和国安全生产法》的规定； （二）从业人员在上岗前必须经过厂（矿）、车间（工段、区、队）、班组三级安全生产教育和培训； （三）从业人员在本单位内调整工作岗位或离岗一年以上重新上岗时，应当重新接受车间（工段、区、队）和班组三级的安全生产教育和培训； （四）作业人员进入新的施工现场前，应当重新接受安全生产教育和培训； （五）生产经营单位应当加强对本单位特种作业人员的管理，建立健全特种作业人员培训、复审档案，做好申报、培训、考核、复审的组织工作和日常的检查工作； （六）生产经营单位从业人员的安全生产教育和培训工作，由生产经营单位组织实施。生产经营单位委托其他机构进行安全生产教育和培训的，保证安全培训的责任仍由本单位负责。
第十六条　生产经营单位应当制定安全生产教育培训计划，对从业人员进行安全生产教育培训，并将教育培训情况记录按规定期限保存。 　　生产经营单位应当对调换工种或者采用新工艺、新技术、新材料以及使用新设备的从业人员进行专门的安全生产教育培训。 　　未经安全生产教育培训合格的从业人员不得上岗作业。	
第十七条　生产经营单位应当采用先进的技术和设备。引进国外生产设备的，应当同时配备相应的安全防护设施。 　　生产经营单位应当实行标准化、规范化生产，制定生产车间、班组安全规范和岗位规程，预防和减少生产安全事故。	
	第二十条　不符合有关安全标准、安全性能低下、职业病危害严重、危及生产安全的落后技术、工艺和设备应参照国家产业结构调整的具体目录，予以强制性淘汰。 　　生产经营单位不得采用和使用应当淘汰的危及生产安全的落后技术、工艺、设备。

续表

修订前	修订后（专家建议稿）
第十八条　生产经营单位必须<u>按规定</u>为从业人员无偿发放符合国家标准或者行业标准的劳动防护用品，并监督、教育从业人员按照使用规则佩戴、使用。不得以现金或者其他物品替代劳动防护用品的提供。 　　<u>生产经营单位应当对从事高空、采掘、攀登悬崖、陡坡作业和进入深坑、深井作业的从业人员采取专门的安全防护措施。</u>	<u>第二十一条</u>　生产经营单位必须为从业人员、<u>被派遣劳动者、实习学生</u>无偿<u>提供</u>符合国家标准或者行业标准的劳动防护用品，并监督、教育从业人员按照使用规则佩戴、使用。
第十九条　生产经营单位有关人员不得违章指挥、强令或者放任从业人员冒险作业，从业人员对违章指挥或者强令冒险作业的有权拒绝，并有权向有关部门检举、控告。	<u>第二十二条</u>　生产经营单位有关人员不得<u>违章指挥、强令</u>或者放任从业人员<u>冒</u>险作业，从业人员对违章指挥或者强令冒险作业的有权拒绝，并有权向有关部门检举、控告。
	<u>第二十三条　接受劳务派遣的用工单位应当将被派遣劳动者纳入本单位从业人员统一管理，履行本条例规定的生产经营单位的义务。</u>
	<u>第二十四条　安全设备的设计、制造、安装、使用、检测、维修、改造、拆除和报废，应当符合有关法律法规、标准规范的要求。</u> 　　<u>生产经营单位应当严格执行生产设备设施到货验收和报废管理制度，使用质量合格、设计符合要求的生产设备设施。</u> 　　<u>拆除的生产设备设施应按照相关规定进行处置。拆除的生产设备设施涉及危险物品的，必须制定危险物品处置方案和应急措施，并组织实施。</u>

续表

修订前	修订后（专家建议稿）
	第二十五条 生产经营单位应当设置设备管理机构或者配备专（兼）职人员负责管理各种安全设备设施，建立台账，制定检维修计划，做好检维修记录，并由有关人员签字。 设备设施检维修前应制定方案。检维修方案应当包含作业行为分析和控制措施。检维修过程中应当严格执行隐患控制措施并进行监督检查。 安全设备设施不得随意拆除、挪用或弃置不用；确因检维修拆除的，应采取临时安全措施，检维修完毕后立即复原。
第二十条 生产经营单位必须依法参加工伤社会保险，为从业人员缴纳工伤保险费。	第三十八条 推行安全生产责任保险制度。煤矿、非煤矿山、危险化学品、烟花爆竹、建筑施工、民用爆炸物品、特种设备、金属冶炼与加工、大型游乐设施、水上运输等高危行业和重点领域的生产经营单位，按照国家有关规定参加安全生产责任保险。 鼓励公共聚集场所和易燃易爆危险品生产、储存、运输、销售单位投保火灾公共责任保险。
第二十一条 生产、经营、运输、储存、使用危险物品或者处置废弃危险物品，必须执行国家有关规定。 危险物品生产经营单位的生产区域、生活区域、储存区域之间应当依照有关规定保持安全距离。	第二十六条 生产、经营、运输、储存、使用危险物品或者处置废弃危险品，必须执行国家有关规定。 危险物品生产经营单位的生产区域、生活区域、储存区域之间应当依照有关规定保持安全距离。存储危险物品的仓库货场在存储区域内应当合理分布，禁止超储超存。

修订前	修订后（专家建议稿）
第二十二条　生产作业场所必须符合下列安全规定： 　　（一）设备安装、采光照明、物品堆放、通道设置应当符合相关技术规范要求； 　　（二）建筑施工现场的运输道路、机械设施、供排水和供电系统、材料堆放、脚手架、工作平台、住宿场所等，应当符合国家有关安全生产的规定和要求； 　　（三）存在有毒有害物质的生产经营场所应当配备监测设施，并采取通风、除尘、净化、隔离操作等防护措施； 　　（四）法律、法规规定的其他安全措施。	第二十七条　生产作业场所必须符合下列安全规定： 　　（一）设备安装、采光照明、物品摆放、通道设置符合相关技术规范要求； 　　（二）消防通道、安全出口符合紧急疏散、救援要求； 　　（三）建筑施工现场的运输道路、机械设施、供排水和供电系统、材料库（场）、脚手架、工作平台、住宿场所等，应当符合国家有关安全生产的规定和要求； 　　（四）存在有毒有害物质的生产经营场所应当配备监测设施，并采取通风、除尘、净化、隔离操作等防护措施； 　　（五）生产作业场所、仓库严禁住宿和从事与生产经营无关的活动； 　　（六）国家安全生产标准规定的其他要求。
	第二十八条　生产经营单位应当根据作业场所的实际情况，按照国家有关安全标志及其使用规定，在有较大危险因素的作业场所和设备设施上，设置明显的安全警示标志，进行危险提示、警示，告知危险的种类、后果及应急措施等。 　　生产经营单位应当在设备设施检维修、施工、吊装等作业现场设置警戒区域和警示标志，在检维修现场的坑、井、洼、沟、陡坡等场所设置围栏和警示标志。 　　对产生严重职业病危害的作业岗位，应当按照工作场所职业病危害警示标识（GBZ158）要求设置警示标识和警示说明。警示说明应载明职业病危害的种类、后果、预防和应急救治措施。

续表

修订前	修订后（专家建议稿）
	第二十九条　生产经营单位应当加强班组安全生产建设，强化班组作业现场管理。制定班组安全工作标准、操作规程，规范工作流程，严格交接班、隐患排查治理报告等各项制度；组织对班组成员进行经常性的安全风险意识、责任意识、安全警示和遵章作业教育；组织对班组成员进行安全知识、操作技能、规程措施和新工艺、新设备、新技术安全培训；开展现场应急处置技能培训和模拟演练，保证班组成员掌握防灾、避灾路线，正确使用安全防护设备和与工作相适应的自救互救及现场处置能力。
	第三十条　生产经营单位对动火、进入受限空间、爆破、吊装、高处、盲板抽堵、动土、断路、临时用电作业、检维修、放射性、高危粉尘、高毒等危险性较高的作业应当实施作业许可或特殊管理，作业前应当进行风险分析、确认安全作业条件，保证作业人员了解作业风险，掌握风险控制措施。 　　生产经营单位进行爆破、吊装、进入受限空间、危险化学品装卸、安装或拆卸施工起重机械和整体提升脚手架、模板等自升式架设设施、维护或检修存在高毒物品的生产装置以及国家规定的其他危险作业，应当安排专门人员进行现场监护和监督管理，保证操作规程的遵守和安全措施的落实。 　　实施可能危及危险化学品管道安全运行的施工作业和施工范围内有地下燃气管线等重要燃气设施的作业，施工单位应当分别通知管道所属单位和管道燃气经营单位指派专业人员到现场进行安全指导。

修订前	修订后（专家建议稿）
	第三十一条　管线单位应当建立地下管线巡护和隐患排查制度，严格执行安全技术规程，配备专门人员对管线进行日常巡护，定期进行检测维修，强化安全风险监控预警，及时处理隐患。实施地下管线作业时，应当严格遵守相关规定，配备必要的设施设备，按照先检测后监护再进入的原则进行作业。
	第三十二条　油气、危险化学品输送等管道与居民区、工厂、学校、医院、商场、车站等人口密集区以及建（构）筑物、铁路、公路、航道、港口、市政公用地下管线及设施、军事设施、电力设施、其他强腐蚀性管道及设施的安全保护距离，必须符合国家有关法律法规以及标准规范的强制性要求。 禁止光气、氯气等剧毒气体化学品管道穿（跨）越公共区域。 严格控制氨、硫化氢等其他有毒气体的危险化学品管道穿（跨）越公共区域。

修订前	修订后（专家建议稿）
第二十三条　生产经营单位将生产经营项目、场所、设备发包或者出租的，应当与承包方、承租方依法明确或者约定各自的安全生产管理职责。 工程承发包双方或者出租危险物品生产、储存场所的双方应当签订专门的安全生产管理协议。 对有多个承包或者承租单位的，发包方或者出租方应当统一协调管理，发现承包方或者承租方有安全生产违法行为的，应当及时劝阻并向所在地的安全生产监督管理部门和有关部门报告。承包方或者承租方应当服从发包方或者出租方对其安全生产工作的统一协调管理，发生生产安全事故时，应当立即通知发包方或者出租方，并向所在地的安全生产监督管理部门和有关部门报告。	第三十七条　生产经营单位不得将生产经营项目、场所、设备发包或者出租给不具备安全生产条件或者相应资质的单位或者个人。 生产经营项目、场所发包或者出租给其他单位的，生产经营单位应当与承包单位、承租单位签订专门的安全生产管理协议，或者在承包合同、租赁合同中约定各自的安全生产管理职责；生产经营单位应当将承包单位、承租单位纳入本单位的安全管理体系，实行统一协调、管理，定期进行安全检查，发现安全问题的，应当及时督促整改。 安全生产管理协议应当包括安全投入保障、安全设施和作业条件、隐患排查与治理、安全教育与培训、事故应急救援、安全检查与考评、违约责任等内容。 禁止承包单位、承租单位转包其承包的生产经营项目、场所。承包单位、承租单位对其作业现场的安全生产负责。 同一建筑物内的多个生产经营单位共同委托物业服务企业或者其他管理人进行管理的，由物业服务企业或者其他管理人依照委托协议承担其管理范围内的安全生产管理职责。
第二十四条　旅游景区（点）管理机构和经营者应当加强旅游安全管理，完善旅游安全防护设施，做好旅游预测预报和游人疏导工作。 高空旅游设施和惊险旅游项目必须符合安全规定和标准，保障旅游者人身、财产安全。	第三十三条　旅游景区（点）管理机构和经营者应当加强旅游安全管理，完善旅游安全生产条件，做好旅游预测预报和游人疏导工作。 经营高空、高速、水上、潜水、探险等高风险旅游项目的旅游经营者，应当制定安全操作规程，并对涉及人身安全的旅游设施、设备每日投入使用前，进行试运行和例行安全检查，并对安全装置进行检查确认，保证旅游设施、设备完好。
第二十五条　经批准举办的大型经贸、文化、体育等活动，应当依法制定安全预案，并报送安全生产监督管理部门备案。	

修订前	修订后（专家建议稿）
第二十六条　人员集中和流动性大的生产经营场所，应当符合下列要求： （一）设置符合紧急疏散需要、标志明显的出口、通道，并保持畅通； （二）有人数限制的，不得超过限定人数； （三）按照规定配备消防设施和器材并保证正常使用； （四）禁止违法、违规存放易燃易爆、剧毒、强腐蚀性和放射性等危险物品； （五）其他相关设施符合安全生产要求。	第三十四条　人员集中和流动性大的生产经营场所，应当符合下列要求： （一）按规定设置安全警示标识和检测报警等装置，严禁堵塞、锁闭和占用疏散通道及事故发生后延误报警； （二）按国家标准或者行业标准选用、安装电气设备设施，规范敷设电气线路，严禁私搭乱接、超负荷运行； （三）实际容纳人员，不得超过规定的容纳人数； （四）按照规定配备消防设施和器材并保证正常使用； （五）禁止违法、违规存放易燃易爆、剧毒、强腐蚀性和放射性等危险物品； （六）不得改变场所建筑的主体和承重结构； （七）其他相关设施符合安全生产要求。
第二十七条　生产经营单位新建、改建、扩建工程项目（以下统称建设项目）的安全设施，必须与主体工程同时设计、同时施工、同时投入生产和使用（简称"三同时"）。对未执行"三同时"的建设项目，不得竣工验收、投产使用。	第三十五条　生产经营单位新建、改建、扩建工程项目（以下统称建设项目）的安全设施，应当包括安全监控设施和防瓦斯等有害气体、防尘、排水、防火、防爆等设施，必须与主体工程同时设计、同时施工、同时投入生产和使用。 建设项目安全设施建成后，生产经营单位应当对安全设施进行检查，对发现的问题及时整改。

续表

修订前	修订后（专家建议稿）
第二十八条　矿山建设项目和用于生产、储存危险物品的建设项目，应当按照国家规定进行安全评价。设计单位必须按照国家或者行业安全生产标准进行设计，其初步设计文件应当有安全生产专篇，并经安全生产监督管理部门及其他有关部门审查同意。 　　施工单位应当按照批准的设计文件进行施工并对安全设施的工程质量负责。 　　前款规定的建设项目竣工后，必须依照有关法律、行政法规的规定对安全设施进行验收。未经验收或者验收不合格的，建设项目不得投入生产或者使用。	第三十六条　安全设施设计必须符合有关法律、法规、规章和国家标准或者行业标准、技术规范的规定，优先采用先进适用的工艺、技术和可靠的设备、设施。实行安全预评价报告制度的建设项目安全设施设计，还应当充分考虑安全预评价报告提出的安全对策措施。安全设施设计单位、设计人员应当对安全设施设计负责。
第二十九条　生产经营单位应当定期排查事故隐患，发现事故隐患必须立即采取整治措施予以排除。 　　生产经营单位对限期整改的重大、特大事故隐患，必须按规定期限完成治理，并及时向有关部门和安全生产监督管理部门报告并接受其检查。	
第三章　安全生产的监督管理	
第三十条　各级人民政府应当建立安全生产目标责任制，对安全生产工作实行目标管理。 　　县级以上人民政府应当组织有关部门对本行政区域内的安全生产情况进行定期和不定期检查，对发现的问题应当及时处理，超出其管理权限的，应当立即按程序上报。	第三十九条　各级人民政府应当建立、健全安全生产责任制，履行属地管理职责。 　　县级以上人民政府应当组织有关部门按照职责分工，对本行政区内容易发生生产安全事故的单位、设施和场所进行严格检查。 　　第四十四条　负有安全生产监督管理职责的部门应当制定安全生产年度监督检查计划，并按照年度监督检查计划进行巡视督查、日常检查、随机抽查，发现事故隐患，应当及时处理。

修订前	修订后（专家建议稿）
第三十一条　县级以上人民政府安全生产监督管理部门发现其他有关部门未依法履行安全生产监督管理职责的，应当督促其及时改进，依照有关规定进行处理。	第四十条　负有安全生产监督管理职责的部门在监督检查中，应当互相配合，实行联合检查；确需分别进行检查的，应当互通情况，发现存在的安全问题应当由其他有关部门进行处理的，应当及时移送其他有关部门并形成记录备查，接受移送的部门应当及时进行处理。 　　第四十三条　县级以上人民政府应当建立安全生产约谈制度，对未按规定履行安全生产监督管理职责和对发生较大以上事故负有监督管理职责的本级人民政府有关部门和下级人民政府负责人进行约谈，提出安全警示，督促其及时改进。
	第四十一条　县级以上人民政府可以从上年度征缴的工伤保险基金中安排一定比例的专项费用，用于安全教育和工伤预防。
	第四十二条　各级人民政府应当建立、健全安全生产绩效考核制度和奖惩制度，对成效显著的单位和个人应当予以表扬和奖励，对违法违规、失职渎职的，依法严格追究责任。
	第四十五条　负有安全生产监督管理职责的部门可以根据工作需要，委托具备条件的乡、镇人民政府以及街道办事处实施安全生产行政执法。 　　委托部门应当规范委托事项、权责和程序，加强对接受委托单位行政执法人员的业务培训，并提供必备的执法条件。 　　乡、镇人民政府以及街道办事处以委托机关的名义在委托的权限内执法。任何单位或者个人对超出委托权限的违法行为，可以向委托部门报告、举报。委托部门应当及时组织核查，并依法处理。 　　前款规定的委托的具体事项、范围等，应当报同级政府法制机构审查。

修订前	修订后（专家建议稿）
	第四十六条　开发区（园区）管理机构依法对本辖区内生产经营单位进行监督检查时，行使下列职权： （一）进入生产经营单位进行检查，调阅有关资料，向有关单位和人员了解情况； （二）检查中发现安全生产违法行为的，督促当场予以纠正或者要求限期改正；依法应当给予行政处罚的，建议负有安全生产监督管理职责的部门做出行政处罚； （三）检查中发现事故隐患的，责令立即排除；生产经营单位拒不排除的，报告负有安全生产监督管理职责的部门； （四）检查中发现重大事故隐患的，应当在责令立即排除的同时，报告负有安全生产监督管理职责的部门，由负有安全生产监督管理职责的部门采取必要的措施。 对前款规定的建议或者报告，负有安全生产监督管理职责的部门应当及时予以处理和答复。
	第四十七条　县级以上人民政府应当制定整治方案，依法对城区高风险危险化学品生产、储存企业进行搬迁或者采取必要的安全保障措施。

修订前	修订后（专家建议稿）
第三十二条　各级人民政府安全生产监督管理部门应当采用公告、新闻发布会等形式，向社会公布本辖区安全生产状况和生产安全事故的信息。	第五十条　负有安全生产监督管理职责的部门应当采用公告、新闻发布会等形式，向社会公布本行政区安全生产状况和生产安全事故的信息。 　　负有安全生产监督管理职责的部门应当建立、健全安全生产综合信息网络平台，实现信息资源共享，提供行政审批、行政执法、法律咨询、重大危险源管理、事故预警、应急救援、事故调查、生产经营单位安全生产信用公告和违法行为记录等相关信息，并向社会公开。 　　建立安全生产失信惩戒制度。负有安全生产监督管理职责的部门应当建立安全生产违法行为信息库，如实记录生产经营单位违法信息。对违法行为情节严重的生产经营单位，应当向社会公告，并通报行业主管部门、投资主管部门、国土资源主管部门、证券监督管理机构以及有关金融机构。
第三十三条　县级以上人民政府安全生产监督管理部门和其他有关部门应当建立、健全重大危险源备案制度，加强对重大危险源的监控工作。	
第三十四条　县级以上人民政府安全生产监督管理部门和其他有关部门，在检查过程中发现存在生产安全事故隐患的，应当责令生产经营单位采取措施立即消除；不能立即消除的，应当责令限期消除，并督促落实。在限期消除期间，安全生产监督管理部门或者其他有关部门可以在生产经营场所的明显位置设置事故隐患提示标志，并责令生产经营单位采取临时性安全措施。	

续表

修订前	修订后（专家建议稿）
第三十五条　县级以上人民政府安全生产监督管理部门和其他有关部门工作人员，对涉及安全生产的事项进行检查、验收时应当坚持标准，不得弄虚作假；不得要求接受检查、验收的单位购买其指定的安全设备、器材或者其他产品。	第四十八条　依法对涉及安全生产事项实施行政审批的政府部门或者机构，应当承担审批后对被审人从事行政审批事项活动的监督责任。 　　政府部门或者机构工作人员对涉及安全生产的事项进行审查、验收时，应当坚持标准，不得弄虚作假；不得要求接受检查、验收的单位购买其指定的安全设备、器材或者其他产品。
第三十六条　承担安全评价、认证、检测、检验的中介机构应当具备国家规定的资质条件，在资质许可的范围内从事安全生产中介服务，并对其做出的评价、认证、检测、检验的结果负责。	第四十九条　承担安全评价、认证、检测、检验的中介机构应当具备国家规定的资质条件，在资质许可的范围内从事安全生产中介服务，并对其做出的评价、认证、检测、检验的结果负责。 　　负有安全生产监督管理职责的部门在对生产经营单位检查时，发现中介机构从事中介服务时有弄虚作假等问题，应向其资质批准部门书面报告。
第四章　生产安全事故的应急救援与调查处理	
第三十七条　县级以上人民政府应当组织有关部门制定本行政区域内重大、特大生产安全事故应急救援预案，建立应急救援体系。预案经当地人民政府主要负责人签署后报上一级人民政府备案，并定期组织演练。	第五十一条　各级人民政府应当加强生产安全事故应急能力建设，在矿山、化工产业聚集区、森工、轨道交通等重点行业、领域建立应急救援基地和应急救援队伍，鼓励生产经营单位和其他社会力量建立应急救援队伍，配备相应的应急救援装备和物资，提高应急救援的专业化水平。 　　负有安全生产监督管理职责的部门应当建立健全相应行业、领域的生产安全事故应急救援信息系统。 　　第五十二条　县级以上人民政府应当组织有关部门制定本行政区域内生产安全事故应急救援预案，建立应急救援体系。 　　市、县级人民政府应急救援预案经本级人民政府主要负责人签署后报上一级人民政府备案。

修订前	修订后（专家建议稿）
第三十八条　生产经营单位应当制定生产安全事故应急救援预案。 　　危险物品生产、经营、储存、运输、使用单位以及矿山、建筑施工单位应当建立应急救援组织；生产经营单位规模较小，应当确定兼职的应急救援人员，并与就近的应急救援组织签订应急救援协议。公众聚集场所，应当指定兼职的应急救援人员。 　　危险物品生产、经营、储存、运输、使用单位和矿山、建筑施工单位及公众聚集场所应当配备必要的应急救援装备及器材。	第五十三条　生产经营单位应当根据本单位存在的危险源和风险等因素，在风险评估基础上制定本单位生产安全事故应急救援预案，与所在地县级以上人民政府组织制定的生产安全事故应急救援预案相衔接，重点岗位应当制定应急处置卡。 　　遇到险情时，生产现场带班人员、班组长和调度人员具有第一时间下达停产撤人命令的直接决策权和指挥权。 　　生产经营单位应当组织开展岗位应急知识教育和自救互救、避险逃生技能培训。 　　生产经营单位每年应当至少组织一次综合应急救援预案或者专项应急救援预案演练，每半年至少组织一次现场处置方案演练，每三年至少修订一次应急救援预案，修订情况应当有记录并归档。
第三十九条　生产经营单位发生生产安全事故，必须按照规定的时限报告当地安全生产监督管理部门和其他有关部门。安全生产监督管理部门和其他有关部门接到事故报告后，应当依照有关规定及时上报。	第五十五条　生产经营单位发生生产安全事故后，事故现场有关人员应当立即报告本单位负责人。单位负责人接到报告后，应当于一小时内向事故发生地县级以上人民政府安全生产监督管理部门和其他负有安全生产监督管理职责的有关部门报告。 　　情况紧急时，事故现场有关人员可以直接向事故发生地县级以上人民政府安全生产监督管理部门和其他负有安全生产监督管理职责的有关部门报告。 　　安全生产监督管理部门和其他负有安全生产监督管理职责的部门接到事故报告后，应当依照有关规定及时上报。

修订前	修订后（专家建议稿）
第四十条 生产经营单位发生生产安全事故后，应当<u>迅速</u>采取有效措施组织抢救，防止事故扩大，减少人员伤亡和财产损失。<u>抢救有困难的，应当立即报告当地安全生产监督管理部门，由其调集救援力量。接到指令的相关单位应当支持、配合事故抢救，并提供一切便利条件。</u> <u>发生生产安全事故的生产经营单位应当保护事故现场，配合事故调查和处理，不得伪造、破坏事故现场或者毁灭证据。</u>	第五十四条 生产经营单位发生生产安全事故后，应当<u>立即启动事故相应应急预案，或</u>采取有效措施组织抢救，防止事故扩大，减少人员伤亡和财产损失。 <u>事故发生后，有关单位和人员应当妥善保护事故现场以及相关证据。</u> <u>因抢救人员、防止事故扩大以及疏通交通</u>等原因，需要移动事故现场物件的，应当做出标志，绘制现场简图并做出书面记录，妥善保存现场重要痕迹、物证。
第四十一条 发生生产安全事故的生产经营单位应当按照有关规定做好善后处理工作，依法向受害人或者家属及时、全额支付赔偿金。	
第四十二条 依照国家有关规定，对矿山、建筑施工单位和危险化学品、烟花爆竹、民用爆破器材等生产单位实行安全生产风险抵押金制度，专项用于发生事故时的抢险救灾及善后处理。	
第四十三条 县级以上人民政府<u>组织</u>安全生产监督管理部门及其他有关部门，按照国家有关规定对事故进行<u>调查处理，做出事故处理和责任追究决定</u>。 <u>行政监察部门、有关主管部门和单位，应当按照管理权限和程序的规定，依法对有关责任者给予行政处分，并将处理结果通报同级安全生产监督管理部门。</u>	第五十六条 县级以上<u>地方</u>人民政府<u>应当按照事故等级和管辖权限，依法开展调查。上级人民政府认为必要时，可以调查由下级人民政府负责调查的事故。</u> <u>按规定由市级人民政府负责查处的较大事故、县级人民政府负责查处的一般事故，分别由上一级人民政府安全生产委员会负责督办。对典型的一般事故，可以由省级人民政府安全生产委员会直接督办。</u>
第四十四条 公安、消防、道路交通、铁路、民航、卫生、<u>劳动与社会保障</u>等部门和单位，应当将生产安全事故统计报表或者工伤统计报表<u>定期</u>抄送同级安全生产监督管理部门。	第五十七条 公安、消防、道路交通、铁路、民航、卫生、<u>住房和城乡建设、人力资源和社会保障</u>等部门和单位，应当<u>定期</u>将生产安全事故统计报表或者工伤统计报表抄送同级安全生产监督管理部门。

续表

修订前	修订后（专家建议稿）
第五章　法律责任	
	第五十八条　违反本条例规定的行为，有关法律、行政法规已有处罚规定的，适用其规定。
	第五十九条　在规定时间内生产经营单位未实现安全生产标准化岗位达标、专业达标和单位达标规定的，责令生产经营单位停产整顿，或暂扣其生产经营单位生产许可证、安全生产许可证。
	第六十一条　生产经营单位有下列行为之一的，责令限期改正，可以处五万元以下的罚款；逾期未改正的，责令停产停业整顿，并处五万元以上十万元以下的罚款，对其直接负责的主管人员和其他直接责任人员处一万元以上二万元以下的罚款： 　　（一）未按照法律规定设置安全生产管理机构或者配备安全生产管理人员的； 　　（二）危险物品的生产、经营、储存单位以及矿山、金属冶炼、建筑施工、道路运输单位的主要负责人和安全生产管理人员未按照规定经考核合格的； 　　（三）未按照本条例规定对从业人员、被派遣劳动者、实习学生进行安全生产教育和培训的； 　　（四）未如实记录安全生产教育和培训情况的； 　　（五）特种作业人员未按照规定经专门的安全作业培训并取得相应资格，上岗作业的； 　　（六）未按照本条例规定制定生产安全事故应急救援预案或者未定期组织演练的； 　　（七）未将事故隐患排查治理情况应当如实记录，或者未向从业人员通报的。

修订前	修订后（专家建议稿）
	第六十二条 生产经营单位有下列行为之一的，责令限期改正，可以处五万元以下的罚款；逾期未改正的，处五万元以上二十万元以下的罚款，对其直接负责的主管人员和其他直接责任人员处一万元以上二万元以下的罚款；情节严重的，责令停产停业整顿；构成犯罪的，依照刑法有关规定追究刑事责任： （一）未在有较大危险因素的生产经营场所和有关设施、设备上设置明显的安全警示标志的； （二）安全设备的安装、使用、检测、改造和报废不符合国家标准或者行业标准的； （三）未对安全设备建立台账、制定检维修计划、如实记录检维修情况的； （四）未为从业人员、被派遣劳动者、实习学生提供符合国家标准或者行业标准的劳动防护用品的； （五）危险物品的容器、运输工具，以及涉及人身安全、危险性较大的矿山井下特种设备未经具有专业资质的机构检测、检验合格，取得安全使用证或者安全标志，投入使用的； （六）使用应当淘汰的危及生产安全的工艺、设备的。
第四十五条 违反本条例第十八条规定，生产经营单位未为从业人员发放符合国家标准或者行业标准的劳动防护用品或者提供安全防护措施的，由县级以上人民政府安全生产监督管理部门责令限期改正。逾期未改正的，责令停止建设或者停产停业整顿，情节较轻的，并处三千元以上二万元以下的罚款；情节较重的，并处二万元以上五万元以下的罚款。造成严重后果构成犯罪的，依法追究刑事责任。	
第四十六条 违反本条例第二十一条第二款规定，生产、经营、储存、使用危险物品单位的生产区域、生活区域、储存区域未按照规定保持安全距离的，由县级以上人民政府安全生产监督管理部门责令限期改正；逾期未改正的，责令停产、停业整顿；造成严重后果构成犯罪的，依法追究刑事责任。	

修订前	修订后（专家建议稿）
第四十七条　违反本条例第二十九条第二款规定，生产经营单位对重大、特大事故隐患未按规定期限完成整改的，由县级以上人民政府安全生产监督管理部门责令暂时停产、停业或者停止使用；对拒不停产、停业或者停止使用的，可以依法申请人民法院强制执行。	第六十三条　生产经营单位未建立事故隐患排查治理制度的，责令限期改正，可以处十万元以下的罚款；逾期未改正的，责令停产停业整顿，并处十万元以上二十万元以下的罚款，对其直接负责的主管人员和其他直接责任人员处二万元以上五万元以下的罚款。
	第六十四条　生产经营单位存在粉尘爆炸危险的作业场所有下列情形之一的，责令改正；逾期不改正的，责令停产停业整顿，并处十万元以上五十万元以下的罚款，对其直接负责的主管人员和其他直接责任人员处二万元以上五万元以下的罚款： 　　（一）作业场所设置在居民区、不符合规定的多层房、安全间距不符合规定的厂房内的； 　　（二）使用不符合标准的通风除尘系统，违规使用压缩空气对积累或聚集的粉尘进行吹扫清理的；在除尘系统停运期间或者粉尘超标时，未立即停止作业并撤出作业人员的； 　　（三）使用不符合标准的防爆电气设备，在作业场所使用各类明火和违规使用作业工具的； 　　（四）从业人员不按规定佩戴、使用防尘、防静电等劳动防护用品上岗的； 　　（五）未配备铝镁等金属粉尘生产、收集、贮存的防水防潮设施的； 　　（六）对有过热可能的设备和装置未按规定安装连续监测温度设备的。
	第六十五条　生产经营单位未建立健全特种作业人员档案的，给予警告，并处一万元以下的罚款。

修订前	修订后（专家建议稿）
	第六十六条　矿山新招的井下作业人员和危险物品生产经营单位新招的危险工艺操作岗位人员，未经实习期满独立上岗作业的，责令改正，并处三万元以下的罚款。
	第六十七条　金属冶炼生产经营单位有下列情形之一的，责令改正，并处一万元以上三万元以下的罚款： 　　（一）会议室、活动室、休息室、更衣室等人员密集场所设置在高温液态金属吊运影响范围内的； 　　（二）在煤气储罐区等可能发生煤气泄漏、聚集的场所，未设置固定式煤气检测报警仪，未建立预警系统的； 　　（三）进入煤气区域作业的人员，未携带煤气检测报警仪器的。
	第六十八条　生产经营单位安全生产责任制违反本条例第十四条规定的，责令限期改正；逾期未改正的，处二千元以上二万元以下罚款。
	第六十九条　烟花爆竹批发单位在城市建成区内设立烟花爆竹储存仓库，或者在批发（展示）场所摆放有药样品的，责令其限期改正，处五千元以上三万元以下的罚款。
	第七十条　在所辖区域对群众举报、日常检查发现的非法生产经营单位没有采取有效措施予以查处，致使非法生产经营单位存在的，对县（市、区）、乡（镇）人民政府以及街道办事处、开发区管理机构等地方人民政府派出机关主要负责人以及相关责任人，根据情节轻重，给予降级、撤职或者开除的处分，构成犯罪的，依法追究刑事责任。

修订前	修订后（专家建议稿）
第四十八条　违反本条例第四十条第二款规定，发生事故的生产经营单位故意伪造、破坏事故现场或者毁灭证据的，由公安机关依据有关法律、法规对有关人员予以处罚；构成犯罪的，依法追究刑事责任。	
第四十九条　违反本条例第三十六条规定，承担安全评价、认证、检测、检验工作的中介机构，出具虚假证明，构成犯罪的，依法追究刑事责任；尚不构成刑事处罚的，没收违法所得，违法所得在五千元以上的，并处违法所得二倍以上五倍以下的罚款，没有违法所得或者违法所得不足五千元的，单处或者并处五千元以上二万元以下的罚款，对其直接负责的主管人员和其他直接责任人员处五千元以上五万元以下的罚款；给他人造成损害的，与生产经营单位承担连带赔偿责任。 　　对有前款违法行为的机构，撤销其相应资格。	
第五十条　按照本条例第四条规定，生产经营单位的负责人对发生生产安全事故负有全面责任、直接责任的，依法给予行政处分或者罚款；构成犯罪的，依法追究刑事责任。	第六十条　生产经营单位的主要负责人未履行本条例规定的安全生产管理职责的，责令限期改正；逾期未改正的，处二万元以上五万元以下的罚款，责令生产经营单位停产停业整顿。 　　生产经营单位的主要负责人有前款违法行为，导致发生生产安全事故的，给予撤职处分；构成犯罪的，依照刑法有关规定追究刑事责任。 　　生产经营单位的主要负责人依照前款规定受刑事处罚或者撤职处分的，自刑罚执行完毕或者受处分之日起，五年内不得担任任何生产经营单位的主要负责人；对重大、特别重大生产安全事故负有责任的，终身不得担任本行业生产经营单位的主要负责人。

修订前	修订后（专家建议稿）
第五十一条 按照本条例第五条规定，人民政府和有关部门的负责人对发生重大、特大生产安全事故造成重大损失或者恶劣影响负有全面领导责任、直接领导责任的，应当依法给予行政处分，或者建议其引咎辞职，或者责令辞职。	第七十一条 各级人民政府和有关部门的负责人对发生重大以上生产安全事故造成重大损失或者恶劣影响负有全面领导责任、直接领导责任的，应当依法给予处分，可以建议其引咎辞职，或者责令辞职。
第五十二条 各级人民政府和安全生产监督管理部门以及其他有关部门有下列情形之一的，对直接负责的主管人员和其他直接责任人员依法给予行政处分；构成犯罪的，依法追究刑事责任： （一）不及时协调解决因外部原因给生产经营单位造成事故隐患或者其他不安全因素的； （二）未能有效组织救援致使生产安全事故损害扩大的； （三）对生产安全事故隐瞒不报、谎报或者拖延不报的； （四）对检查、验收不坚持标准，出具虚假材料的； （五）要求被检查、验收的单位购买其指定的安全设备、器材或者其他产品的； （六）阻挠、干涉生产安全事故调查处理或者责任追究的； （七）其他玩忽职守、滥用职权、徇私舞弊行为。	第七十二条 各级人民政府及其有关部门有下列情形之一的，对直接负责的主管人员和其他直接责任人员依法给予处分；构成犯罪的，依法追究刑事责任： （一）未及时协调解决因外部原因给生产经营单位造成事故隐患或者其他不安全因素的； （二）未能有效组织救援致使生产安全事故损害扩大的； （三）对生产安全事故隐瞒不报、谎报或者迟报的； （四）对检查、验收不坚持标准，出具虚假材料的； （五）要求被检查、验收的单位购买其指定的安全设备、器材或者其他产品的； （六）阻挠、干涉生产安全事故调查处理或者责任追究的； （七）其他玩忽职守、滥用职权、徇私舞弊行为。
	第七十三条 本条例规定的行政处罚由负有安全生产监督管理职责的部门按照职责分工决定。
第六章 附 则	
第五十三条 本条例自2005年6月1日起施行。	第七十四条 本条例自__年__月__日起施行。2005年6月1日施行的《吉林省安全生产条例》同时废止。

附 2:《吉林省安全生产条例》立法后评估工作方案

吉林省地方立法研究中心

《吉林省安全生产条例》立法后评估工作方案

一、评估目的

《吉林省安全生产条例》于 2005 年 3 月 31 日吉林省十届人民代表大会常务委员会第十九次会议通过,自 2005 年 6 月 1 日起施行。《吉林省安全生产条例》对于加强我省安全生产监督管理,防止和减少生产安全事故,保障人民群众生命和财产安全,促进经济发展起到了积极的作用。国家在总结《安全生产法》颁布实施十多年来实践经验的基础上,于 2014 年 8 月 31 日对其进行了修改。我省《吉林省安全生产条例》既与修改后的《安全生产法》不尽一致,也和全省经济社会发展的现状以及安全生产工作的内在需求不相适应。开展《吉林省安全生产条例》立法后评估的目的是:全面了解《吉林省安全生产条例》的贯彻执行情况,调查公众对《吉林省安全生产条例》的认知程度,研究和总结实施中存在的问题;评估《吉林省安全生产条例》

的合法性、合理性、可操作性和规范性，提出《吉林省安全生产条例》修改的主要建议，为已启动的《吉林省安全生产条例》立法修订工作奠定基础。

二、评估组织

吉林省地方立法研究中心作为第三方评估机构，接受委托，根据本工作方案，成立《吉林省安全生产条例》立法后评估工作项目小组，承担立法后评估的具体工作。

三、评估原则

（一）客观公正。评估工作将全面了解法规文本质量和实施效果，客观公正听取生产经营单位、各级政府安全生产监督管理部门、有关行业、领域的安全生产监督管理部门、专家学者、社会公众等各方面的意见，实事求是地进行分析，得出评估结论。

（二）科学规范。评估工作拟根据具体的评估对象和调查对象，有针对性地运用科学方法进行调查和收集整理相关资料和信息，并进行科学的统计和分析。

（三）公众参与。评估工作拟采取多种形式和渠道，保证公众广泛参与，开展实地调研和问卷调查，注重调查对象的代表性。

（四）注重实效。评估结论及相关建议将与法规修订，完善相关制度或者促进相关制度的实施相结合。

四、评估内容

（一）合法性评估：评估《吉林省安全生产条例》与相关法律、行政法规的基本原则及具体规定是否抵触；与相关地方性法规是否相互衔接、协调；设置的行政处罚是否合法、适当；条文内部是否和谐，不自相冲突等。

（二）合理性评估：评估《吉林省安全生产条例》细化法律、行政法规的内容是否准确；主要制度设计是否科学、合理；对权利、义务的规定，对国家机关权力、责任的规定是否合理、适当；行政处罚是否合理、适当等。

（三）可操作性评估：评估《吉林省安全生产条例》的各项规定是否体现了我省经济社会发展水平和安全生产管理的实际需要；条款内容是否具有针对性，能否解决实际问题；规定的制度是否切合实际、易于操作；是否重复立法；是否具有地方立法特色等。

（四）规范性评估：评估《吉林省安全生产条例》法规名称是否准确，结构安排是否合理，条文间逻辑关系是否清楚；条文规范是否准确、严谨、简明、无歧义；用语是否规范、统一，标点符号、数字的表述是否符合国家语言文字规范等。

（五）实施效果评估：评估《吉林省安全生产条例》的实施绩效；统计安全生产监管执法适用条例的情况和司法机关适用条例审理案件的情况；调查公民对条例的知晓度和认可度，条例是否得到普遍遵守和执行；是否防止和减少生产安全事故，实现预期的立法目的；条例实施后取得的经济社会效益是否明显高于条例制定和执行的成本等。

五、评估方法

《吉林省安全生产条例》立法后评估将根据评估内容设定评估要素指标体系，在不同的工作阶段采取文献研究、规范分析、比较分析、实地调查、案例研究、问卷调查、专题访谈、专家咨询等方法，从文本质量、实施效果、公众接受程度以及修改完善方向四个方面，进行定性和定量分析，形成立法后评估报告。

六、评估步骤

《吉林省安全生产条例》立法后评估工作步骤包括准备阶段、实施阶段和评估报告形成阶段。

（一）准备阶段

1. 成立评估小组。

2. 制定评估方案。

（二）实施阶段

1. 文献收集和分析研究。

收集目前已经出台的安全生产法律、行政法规、地方性法规、规章和相关规范性文件，进行分析研究。查阅和研究立法档案资料，对《吉林省安全生产条例》的内容、基本原则和主要制度进行学习理解，了解条例在起草、审议和实施过程中各方面的意见和建议。对全国部分省、市已经出台的相关法规、规章进行比较研究。在此基础上，对《吉林省安全生产条例》的合法性、协调性、规范性进行文本分析。

2. 开展实地调研。

采用调查问卷、专题访谈、案例评查、专家咨询等方式，在省内开展实地调研。通过对各级政府安全生产监督管理部门、对有关行业、领域的安全生产工作实施监督管理的部门、开发区管理机构等政府派出机关、生产经营单位等进行实地调查，掌握本省贯彻执行条例的第一手资料，为立法后评估获得真实数据，对我省安全生产工作给予全面客观的认识。

调查问卷主要面向安全生产监察员、安全生产监管机构人员、生产经营单位负责人、安全生产管理人员、生产经营单位的普通从业人员和社会公众，通过网络、邮寄或现场走访发放问卷等方式进行。

专题访谈主要面向相关部门党、政主要负责人、安全生产监管机构人员、生产经营单位负责人、安全生产管理人员等，采取面对面交流的形式进行，由评估工作小组委派专人进行。

3. 汇总和分析评估意见和建议，并得出初步结论。

工作小组对收集的文献资料、前期调研掌握的情况及获取的基础数据进行汇总和分析研究，完成立法质量评估报告和实施情况评估报告两项分报告。分报告应当数据翔实，论证严密，结论可靠，建议有可操作性，注重定性分析和定量分析相结合。

（三）报告阶段

1. 评估小组对初步结论进行研究论证。

2. 起草评估报告。

3. 组织有关专家对评估报告进行论证。

4. 形成正式评估报告。

七、经费保障

此处略。

八、评估成果运用

立法后评估工作结束后，评估成果中对有关工作的建议提交吉林省安全生产监督管理局，有关条例修改的建议提交吉林省人民政府法制办等相关部门。

附3：实施效果调查问卷

调查问卷（一）

问卷编号：（　　　）（001—999）

《吉林省安全生产条例》立法后评估调查问卷（一）

（适用于地方各级安全监管部门、负有安全监管职责的有关部门执法人员）

调查说明：

《吉林省安全生产条例》是 2005 年 3 月 31 日吉林省第十届人民代表大会常务委员会第十九次会议通过，自 2005 年 6 月 1 日起施行。随着新情况、新问题的不断出现，《吉林省安全生产条例》的一些规定已经不能适应形势发展和实际工作的需要，亟待修订完善。为配合《吉林省安全生产条例》修订工作深入开展，全面、客观、准确了解《吉林省安全生产条例》中各项内容的合理性及其实施效果，进一步健全完善我省安全生产相关法律制度，改进安全生产监管执法工作，我们在立法后评估工作中设计了调查问卷，希望了解您对《吉林省安全生产条例》本身及其实施情况的看法和认识，希望您如实填写调查问卷。您的意见对我们非常重要，您的所有资料我们只会用作统计分析用途，所涉及的内容我们会进行保密。谢谢您的合作！

选择题请直接在题后的（　　）中填写答案序号，需要进行说明和阐述的请在题后的空白处填写。

非常感谢您的参与！

单位基本信息：

单位名称：＿＿＿省（市、县）＿＿＿（局）

填表日期：2016 年＿＿月＿＿日

1. 您认为《吉林省安全生产条例》"加强安全生产监督管理，防止和减少生产安全事故，保障人民群众生命和财产安全，促进经济发展"的立法目的是否实现？（　　　）

A 实现　　　　　　　　　　B 基本实现

C 没有实现　　　　　　　　D 不清楚

2. 您单位是否向有关部门、生产经营单位、从业人员和其他有关方面宣传、告知过《吉林省安全生产条例》？（　　　）

A 主动宣传过　　　　　　　B 必要时告知

C 没有宣传过　　　　　　　D 不清楚

3. 您对《吉林省安全生产条例》的了解程度如何？（　　　）

A 非常了解　　　　　　　　B 比较了解

C 一般　　　　　　　　　　D 比较不了解

E 非常不了解

4. 您对《吉林省安全生产条例》宣传力度做何种评价？（　　　）

A 力度非常大　　　　　　　B 力度比较大

C 一般　　　　　　　　　　D 比较弱

E 非常弱

5. 您认为所管辖区域内的生产经营单位负责人、从业人员是否了解和掌握《吉林省安全生产条例》的规定？（　　　）

A 大部分人了解和掌握　　　　B 少数人了解和掌握

C 大部分人不了解和掌握　　　D 不清楚

6.《吉林省安全生产条例》实施后，贵地区生产事故总量有何变化？（　　　）

A 明显减少　　　　　　　　　B 有所减少

C 变化不大　　　　　　　　　D 有所增加

7. 您认为《吉林省安全生产条例》对提高人们的安全生产意识作用如何？（　　　）

A 作用很大　　　　　　　　　B 作用较大

C 作用一般　　　　　　　　　D 不清楚

8. 据您了解，《吉林省安全生产条例》在制定的过程中，公众的参与度如何？（　　　）

A 非常高　　　　　　　　　　B 比较高

C 一般　　　　　　　　　　　D 比较低

E 非常低

9. 在安全生产监督管理活动中，您主要依据哪部法律法规来执法？（　　　）

A《中华人民共和国安全生产法》

B 国务院的《中华人民共和国安全生产法》实施细则

C《吉林省安全生产条例》

D 国家安监局的各项总局令及规范性文件

E 吉林省安监局的规范性文件

10. 您认为《吉林省安全生产条例》对县级以上各级人民政府安全生产职责的规定是否明确、合理？（　　　）

A 明确、合理　　　　　　　　B 比较明确、合理

C 不明确、不合理　　　　　　　D 不清楚

11. 从整体来看，您认为《吉林省安全生产条例》与吉林省经济社会发展状况的匹配程度如何？

A 非常一致　　　　　　　　　　B 比较一致

C 一般　　　　　　　　　　　　D 不太一致

E 非常不一致

12. 在您看来，《吉林省安全生产条例》与《中华人民共和国安全生产法》的协调一致程度如何？（　　　　）

A 非常一致　　　　　　　　　　B 比较一致

C 一般　　　　　　　　　　　　D 不太一致

E 非常不一致

13. 您认为《吉林省安全生产条例》的实施对防止和减少安全生产违法行为的作用有多大？（　　　　）

A 非常大　　　　　　　　　　　B 比较大

C 一般　　　　　　　　　　　　D 不太大

E 没有变化

14. 您认为行政执法人员配置是否充足？（　　　　）

A 非常充足　　　　　　　　　　B 比较充足

C 一般　　　　　　　　　　　　D 不太充足

E 非常不充足

15. 您认为创建生产安全事故应急救援制度对于防止事故扩大、减少人员伤亡和财产损失有多大作用？（　　　　）

A 非常大　　　　　　　　　　　B 比较大

C 一般　　　　　　　　　　　　D 不太大

E 没有作用

16. 您认为《吉林省安全生产条例》赋予安全生产监督管理部门自由裁量的弹性程度如何？（　　　　）

A 非常大　　　　　　　　　　B 比较大

C 一般　　　　　　　　　　　D 不太大

E 非常小

17. 您认为《吉林省安全生产条例》对安全生产综合监管与专项监管的职责划分是否明确、合理？（　　　）

A 明确、合理　　　　　　　　B 比较明确、合理

C 不明确、不合理　　　　　　D 不清楚

18. 在《吉林省安全生产条例》修订征求意见中，有单位建议在总则第九条中增加规定"县级以上人民政府安全生产监督管理部门对有关部门和下级人民政府安全生产工作实行监督检查、指导协调。"您认为该建议是否科学、合理？（　　　）

A 科学、合理　　　　　　　　B 比较科学、合理

C 不科学、不合理　　　　　　D 不清楚

19. 在《吉林省安全生产条例》修订征求意见中，有单位建议完善生产经营单位主要负责人的职责，增加"每月组织召开一次安全生产风险分析会议，分析、布置、督促、检查本单位防范生产安全事故的工作，发现问题，组织落实防范和应急处置措施，同时应将会议情况上报当地安全生产监督管理部门备案。"和"定期向本单位职工代表大会通报安全生产工作情况"等二项规定，您认为该建议是否合理？（　　　）

A 合理　　　　　　　　　　　B 不合理

C 不清楚

20. 针对劳务派遣用工形式，您认为在《吉林省安全生产条例》修订中，是否有必要对劳务派遣人员的教育培训做出明确规定？（　　　）

A 必要　　　　　　　　　　　B 不必要

C 不清楚

21. 在《吉林省安全生产条例》修订征求意见中，有单位建议矿

山、冶金、建筑施工单位和危险物品的生产、经营、储存单位负责人应当轮流现场带班。您认为该建议是否必要？（　　　）

A 必要　　　　　　　　　　　B 不必要

C 不清楚

22. 在《吉林省安全生产条例》修订征求意见中，有单位建议"生产经营单位应当开展以岗位达标、专业达标和企业达标为内容的安全生产标准化建设，提高本单位的安全生产水平和事故防范能力。"您认为该建议是否科学、合理？（　　　）

A 科学、合理　　　　　　　　B 比较科学、合理

C 不科学、不合理　　　　　　D 不清楚

23. 您认为，生产经营单位事故隐患排查、治理、报告制度和安全生产动态监控、预警预报体系是否有必要规定在《吉林省安全生产条例》修订稿中？（　　　）

A 必要　　　　　　　　　　　B 不必要

C 不清楚

24. 在《吉林省安全生产条例》修订征求意见中，有单位建议"矿山、冶金、城市轨道交通、建筑施工单位和用于生产、储存危险物品的单位应当参加安全生产责任保险。"您认为该建议是否科学、合理？（　　　）

A 科学、合理　　　　　　　　B 比较科学、合理

C 不科学、不合理　　　　　　D 不清楚

25. 针对各级政府安全监管职责，有单位建议在修订《吉林省安全生产条例》时，增加规定县级以上地方各级人民政府应当建立安全生产分工负责制度，增加乡镇人民政府和街道办事处根据本地区安全生产工作的需要，设立负责安全生产工作的机构，配备人员和必要的装备。您认为该建议是否科学、合理？（　　　）

A 科学、合理　　　　　　　　B 比较科学、合理

C 不科学、不合理　　　　　　　D 不清楚

26. 有单位建议在修订《吉林省安全生产条例》时，增加规定"县级以上地方各级人民政府安全生产监督管理部门或者有关部门应当建立重大事故隐患治理督办制度，督促生产经营单位隐患治理措施的落实。"您认为该建议是否必要？（　　　）

A 必要　　　　　　　　　　　　B 不必要

C 不清楚

27.《吉林省安全生产条例》规定，负有安全监管职责的部门对有根据认为不符合保障安全生产的国家标准或者行业标准的设施、设备、器材予以查封或者扣押。您认为该规定是否科学、合理？（　　　）

A 科学、合理　　　　　　　　　B 比较科学、合理

C 不科学、不合理　　　　　　　D 不清楚

28. 在《吉林省安全生产条例》修订征求意见中，有单位建议"对于生产经营单位拒绝执行停产停业、停止建设、停产停业整顿等行政处罚决定的，为防止发生生产安全事故，负有安全生产监督管理职责的部门可以通知有关部门或者单位采取断电、停供火工用品等临时措施，有关部门或者单位应当予以配合。"您认为该建议是否必要？（　　　）

A 必要　　　　　　　　　　　　B 不必要

C 不清楚

29.《吉林省安全生产条例》法律责任中规定，对有违法行为生产经营单位"责令限期改正，逾期未改正的，责令停产停业整顿"，可以并处一定数额罚款。您认为该规定是否科学、合理？（　　　）

A 科学、合理　　　　　　　　　B 比较科学、合理

C 不科学、不合理　　　　　　　D 不清楚

30. 您认为《吉林省安全生产条例》与《矿山安全法》《煤矿安全监察条例》《国务院关于预防煤矿生产安全事故的特别规定》

《生产安全事故报告和调查处理条例》等其他法律法规存在冲突吗？（　　　）

A 存在较大冲突　　　　　　　　B 存在一定冲突

C 不存在　　　　　　　　　　　D 不清楚

31. 您认为《吉林省安全生产条例》在立法技术上是否完备（即《吉林省安全生产条例》规定中的相关概念界定是否明确，逻辑结构是否严密，条文表述是否简洁，立法用语是否准确等）？（　　　）

A 很完备　　　　　　　　　　　B 存在小的问题

C 存在重大缺陷　　　　　　　　D 不清楚

32. 对上一题选择 B 和 C 选项的，请指出《吉林省安全生产条例》在立法技术上存在的主要问题（可多选）？（　　　）

A 概念界定不明确　　　　　　　B 逻辑结构不严密

C 条文表述不简洁

D 立法用语不准确

E 存在不好执行或无法执行的具体规定

33. 结合您的实际工作，您认为《吉林省安全生产条例》在制度设计和实施中存在最突出的问题是什么？应当健全完善、补充增加哪些原则、制度？

请回答：

_____

34. 结合您的实际工作，您认为《吉林省安全生产条例》修订中应当如何细化和规定安全生产综合监管职责？

请回答：

_____

35. 结合您的实际工作，您认为《吉林省安全生产条例》修订中有无必要增加安全产业、安全生产诚信体系建设内容？如有必要，应当明确哪些内容？

请回答：

_____

调查问卷（二）

问卷编号：（　　　）（001—999）

《吉林省安全生产条例》立法后评估调查问卷（二）

（适用于企业主要负责人、分管负责人、其他主管人员、

安全生产管理人员）

调查说明：

《吉林省安全生产条例》是 2005 年 3 月 31 日吉林省第十届人民代表大会常务委员会第十九次会议通过，自 2005 年 6 月 1 日起施行。随着新情况、新问题的不断出现，《吉林省安全生产条例》的一些规定已经不能适应形势发展和实际工作的需要，亟待修订完善。为配合《吉林省安全生产条例》修订工作深入开展，全面、客观、准确了解《吉林省安全生产条例》中各项内容的合理性及其实施效果，进一步健全完善我省安全生产相关法律制度，改进安全生产监管执法工作，我们在立法后评估工作中设计了调查问卷，希望了解您对《吉林省安全生产条例》本身及其实施情况的看法和认识，希望您如实填写调查问卷。您的意见对我们非常重要，您的所有资料我们只会用作统计分析用途，所涉及的内容我们会进行保密。谢谢您的合作！

选择题请直接在题后的（　　）中填写答案序号，需要进行说明和阐述的请在题后的空白处填写。

非常感谢您的参与！

答卷人基本信息：

1. 所在企业名称：

2. 所有制性质：　　□国有企业　　　　　□非国有企业

　　　　　　　　　□其他

3. 企业规模：　　　□特大型　　　　　　□大型

　　　　　　　　　□中型　　　　　　　□小型

4. 答卷人身份：　　□主要负责人　　　　□分管负责人

　　　　　　　　　□其他主管人员　　　□安全生产管理人员

填表日期：2016 年＿＿月＿＿日

1. 您认为《吉林省安全生产条例》"加强安全生产监督管理，防止和减少生产安全事故，保障人民群众生命和财产安全，促进经济发展"的立法目的是否实现？（　　　　）

A 实现　　　　　　　　　　　B 基本实现

C 没有实现　　　　　　　　　D 不清楚

2. 您单位从业人员是否熟知《吉林省安全生产条例》？（　　　　）

A 所有人员都熟知　　　　　　B 大部分人员熟知

C 部分人员熟知　　　　　　　D 无法评价

3. 据您了解，《吉林省安全生产条例》在制定的过程中，公众的参与度如何？（　　　　）

A 非常高　　　　　　　　　　B 比较高

C 一般　　　　　　　　　　　D 比较低

E 非常低

4. 您单位是否向从业人员宣传、告知过《吉林省安全生产条例》？（　　　　）

A 主动宣传过　　　　　　　　B 必要时告知

C 很少宣传过　　　　　　　　D 不清楚

5. 您对《吉林省安全生产条例》宣传力度做何种评价？（　　　　）

A 力度非常大 B 力度比较大

C 一般 D 比较弱

E 非常弱

6. 在生产经营活动中，您主要依据哪部法律法规来规范自身行为？（　　　）

A《中华人民共和国安全生产法》

B 国务院的《中华人民共和国安全生产法》实施细则

C《吉林省安全生产条例》

D 国家安监局的各项总局令及规范性文件

E 吉林省安监局的规范性文件

7. 从整体来看，《吉林省安全生产条例》与吉林省经济社会发展状况的匹配程度如何？

A 非常一致 B 比较一致

C 一般 D 不太一致

E 非常不一致

8.《吉林省安全生产条例》实施后，您单位的安全生产状况有何变化？（　　　）

A 明显好转 B 有所好转

C 没有好转 D 没有变化

9. 您认为《吉林省安全生产条例》实施后的企业、企业负责人和其他从业人员的安全生产意识有何变化？（　　　）

A 很大提高 B 有所提高

C 变化不大 D 不清楚

10. 您认为您所在地区负有安全监管职责的部门对您单位开展安全生产的教育、培训和指导是否到位？（　　　）

A 不到位 B 基本到位

C 不清楚

11. 您认为《吉林省安全生产条例》对负有安全监管职责的部门及其执法人员规定的权力是否过大？（　　　）

A 过大　　　　　　　　　　　B 比较合理

C 不清楚

12. 您认为您所在地区负有安全监管职责的部门及其执法人员在进行执法检查时，是否忠于职守、坚持原则、秉公执法？（　　　）

A 是　　　　　　　　　　　　B 大部分是

C 不是　　　　　　　　　　　D 不清楚

13. 您认为地方各级负有安全监管职责的部门有没有对您单位重复执法、重复检查、重复处罚过？（　　　）

A 有　　　　　　　　　　　　B 没有

C 不清楚

14. 根据《吉林省安全生产条例》第十八条规定，生产经营单位必须按规定为从业人员无偿发放符合国家标准或者行业标准的劳动防护用品，并监督、教育从业人员按照使用规则佩戴、使用。不得以现金或者其他物品替代劳动防护用品的提供。您认为该规定是否合理？（　　　）

A 合理　　　　　　　　　　　B 不合理

C 不清楚

15. 在《吉林省安全生产条例》修订征求意见中，有单位建议完善生产经营单位主要负责人的职责，增加"每月组织召开一次安全生产风险分析会议，分析、布置、督促、检查本单位防范生产安全事故的工作，发现问题，组织落实防范和应急处置措施，同时应将会议情况上报当地安全生产监督管理部门备案。"和"定期向本单位职工代表大会通报安全生产工作情况"等二项规定，您认为该建议是否合理？（　　　）

A 合理　　　　　　　　　　　B 不合理

C 不清楚

16.《吉林省安全生产条例》第十五条规定：生产经营单位应当具备的安全生产条件所必需的资金投入，由生产经营单位的决策机构、主要负责人或者个人经营的投资人予以保证，并对由于安全生产所必需的资金投入不足导致的后果承担责任。您认为该规定实施效果如何？（　　　）

A 很好　　　　　　　　　　B 较好

C 不好　　　　　　　　　　D 不清楚

17. 根据《吉林省安全生产条例》第二十一条规定，生产、经营、运输、储存、使用危险物品或者处置废弃危险物品，必须执行国家有关规定。危险物品生产经营单位的生产区域、生活区域、储存区域之间应当依照有关规定保持安全距离。您认为该规定实施效果如何？（　　　）

A 很好　　　　　　　　　　B 较好

C 不好　　　　　　　　　　D 不清楚

18. 您认为生产经营单位的（　　　），必须具备与本单位所从事的生产经营活动相应的安全生产知识和管理能力？

A 主要负责人、分管安全负责人和安全生产管理人员

B 主要负责人和分管安全负责人

C 主要负责人和安全生产管理人员

D 分管安全负责人和安全生产管理人员

E 不清楚

19. 目前很多生产经营单位采取劳务派遣形式用工。您认为对劳务派遣人员的安全生产教育和培训，应由（　　　）负责？

A 劳务派遣单位负责对劳务派遣人员进行必要的安全生产教育和培训，用工单位负责对劳务派遣人员进行岗位安全操作规程和安全操作技能的教育和培训

B 劳务派遣单位负责

C 用工单位负责

D 不清楚

20.《吉林省安全生产条例》第二十七条规定："生产经营单位新建、改建、扩建工程项目（以下统称建设项目）的安全设施，必须与主体工程同时设计、同时施工、同时投入生产和使用（简称'三同时'）。对未执行"三同时"的建设项目，不得竣工验收、投产使用。"您认为该规定是否必要？实施效果如何？（　　　）

A 非常必要，很好　　　　　　B 必要，较好

C 不必要，不好　　　　　　　D 不清楚

21. 在有较大危险因素的生产经营场所和有关设施、设备上，您认为生产经营单位应当设置（　　　）？

A 明显的安全警示标志　　　　B 警示说明

C 明显的安全警示标志和警示说明

D 不清楚

22. 在《吉林省安全生产条例》修订征求意见中，有单位建议矿山、冶金、建筑施工单位和危险物品的生产、经营、储存单位负责人应当轮流现场带班。您认为该建议是否必要？（　　　）

A 必要　　　　　　　　　　　B 不必要

C 不清楚

23. 您认为，生产经营单位事故隐患排查、治理、报告制度和安全生产动态监控、预警预报体系是否有必要规定在《吉林省安全生产条例》修订稿中？（　　　）

A 必要　　　　　　　　　　　B 不必要

C 不清楚

24. 您认为生产经营单位（　　　），单位的主要负责人应当立即组织抢救，并不得在事故调查处理期间擅离职守？

A 发生生产安全事故时　　　　B 发生重大生产安全事故时

C 发生特大生产安全事故时　　D 不清楚

25.《吉林省安全生产条例》第二十条规定："生产经营单位必须依法参加工伤社会保险，为从业人员缴纳保险费。"有单位建议增加"矿山、冶金、城市轨道交通、建筑施工单位和用于生产、储存危险物品的单位应当参加安全生产责任保险"。您认为该建议是否必要？（　　　）

A 必要　　　　　　　　　　B 不必要

C 不清楚

26. 您认为您单位所在地的乡镇人民政府（街道办事处），有无必要设立负责安全生产工作的机构，配备人员和必要的装备？（　　　）

A 有必要　　　　　　　　　B 没必要

C 不清楚

27. 您认为生产经营单位与政府配合建立应急救援体系是否有难度？（　　　）

A、没有难度　　　　　　　　B、有一定难度，但可以克服

C、有很大难度，不能实施　　D、其他建议

28. 您认为生产经营单位每年应当至少组织一次综合应急救援预案或者专项应急救援预案演练，时间是否合理？（　　　）

A、合理　　　　　　　　　　B、不合理

C、其他建议

29. 您认为生产经营单位每半年至少组织一次现场处置方案演练，时间是否合理？（　　　）

A、合理　　　　　　　　　　B、不合理

C、其他建议

30. 您认为生产经营单位每三年至少修订一次应急救援预案，时间是否合理？（　　　）

A、合理　　　　　　　　　B、不合理

C、其他建议

31. 生产经营单位发生生产安全事故后，单位负责人接到报告后，应当于一小时内向事故发生地县级以上人民政府安全生产监督管理部门和其他负有安全生产监督管理职责的有关部门报告，您认为时间是否合理？（　　　）

A、合理　　　　　　　　　B、不合理

C、其他建议

32. 请问在以下的法律责任规定中，您认为各项处罚合理程度如何，请按照合理程度在相应的框下打"√"。

法律责任	非常合理	比较合理	一般	不太合理	非常不合理
生产经营单位未为从业人员发放符合国家标准或者行业标准的劳动防护用品或者提供安全防护措施的，由县级以上人民政府安全生产监督管理部门责令限期改正。逾期未改正的，责令停止建设或者停产停业整顿，情节较轻的，并处三千元以上二万元以下的罚款；情节较重的，并处二万元以上五万元以下的罚款。造成严重后果构成犯罪的，依法追究刑事责任。					
生产、经营、储存、使用危险物品单位的生产区域、生活区域、储存区域未按照规定保持安全距离的，由县级以上人民政府安全生产监督管理部门责令限期改正；逾期未改正的，责令停产、停业整顿；造成严重后果构成犯罪的，依法追究刑事责任。					
生产经营单位对重大、特大事故隐患未按规定期限完成整改的，由县级以上人民政府安全生产监督管理部门责令暂时停产、停业或者停止使用；对拒不停产、停业或者停止使用的，可以依法申请人民法院强制执行。					

法律责任	非常合理	比较合理	一般	不太合理	非常不合理
生产经营单位的负责人对发生生产安全事故负有全面责任、直接责任的，依法给予行政处分或者罚款；构成犯罪的，依法追究刑事责任。					
发生事故的生产经营单位故意伪造、破坏事故现场或者毁灭证据的，由公安机关依据有关法律、法规对有关人员予以处罚；构成犯罪的，依法追究刑事责任。					

33、您认为创建生产安全事故应急救援制度对于防止事故扩大、减少人员伤亡和财产损失有多大作用？（　　　）

A 非常大　　　　　　　　B 比较大

C 一般　　　　　　　　　D 不太大

E 没有作用

34、结合您的实际工作，您认为《吉林省安全生产条例》在制度设计和实施中存在最突出的问题是什么？

请回答：

_____

35、结合您的实际工作，您认为《吉林省安全生产条例》在修订中应当健全完善哪些原则、制度，补充增加哪些新原则、新制度？

请回答：

_____

36、您认为是否有必要明确安全生产管理机构以及安全生产管理人员的职责？如有必要，您认为其应当履行哪些方面的职责？

请回答：

_____

调查问卷（三）

问卷编号：（　　　　）（001—999）

《吉林省安全生产条例》立法后评估调查问卷（三）

（适用于企业一线职工）

调查说明：

您好！我们正在做一个《吉林省安全生产条例》立法后评估问卷调查，目的是全面了解企业一线职工对《吉林省安全生产条例》实施后的认识和理解情况。希望您能花些时间认真填写本问卷，客观反映您的认识，您的意见对我们非常重要，您的所有资料只会用作统计分析用途，所涉及的内容我们会进行保密，您反映的任何情况都不会影响您的工作。谢谢您的合作！

选择题请直接在题后的□上打√或在（　　）中填写答案序号，需要进行说明和阐述的请在题后的空白处填写。

非常感谢您的参与！

答卷人基本信息：

所在企业：

1. 工作岗位、工种：

2. 所在企业性质：□国有企业　　　　　□非国有企业

　　　　　　　　　□其他

3. 学历：　　　　□初中以下　　　　　□高中

　　　　　　　　□中专或大专　　　　□大本

　　　　　　　　□大本以上

4. 所在地区：＿＿＿市（州、盟）＿＿＿县（区、旗）

填表日期：2016 年＿＿月＿＿日

1. 您知道《吉林省安全生产条例》吗？（　　）

A 学习过 　　　　　　　　　　B 看过

C 听说过 　　　　　　　　　　D 不知道

2. 请问您对《吉林省安全生产条例》的了解程度如何？（　　）

A 知道 　　　　　　　　　　　B 知道一些

C 了解 　　　　　　　　　　　D 不知道

3. 请问您是从何种渠道知道《吉林省安全生产条例》的？（可多选）（　　）

A 报纸杂志 　　　　　　　　　B 广播电视

C 网络 　　　　　　　　　　　D 本企业宣传

E 安全监管部门宣传

F 政府法制部门等其他有关部门宣传

G 其他（请注明：　　　　　　　　　　　　　）

4. 您所在企业是否向您宣传过《吉林省安全生产条例》？（　　）

A 宣传过 　　　　　　　　　　B 没有宣传过

C 不清楚

5. 您对《吉林省安全生产条例》宣传力度做何种评价？（　　）

A 力度非常大 　　　　　　　　B 力度比较大

C 一般 　　　　　　　　　　　D 比较弱

E 非常弱

6.《吉林省安全生产条例》实施后，您所在企业的安全生产状况有何变化？（　　）

A 明显好转 　　　　　　　　　B 有所好转

C 没有好转 　　　　　　　　　D 没有变化

7. 从整体来看，您认为《吉林省安全生产条例》与吉林省经济社会发展状况的匹配程度如何？

A 非常一致 　　　　　　　　　B 比较一致

C 一般　　　　　　　　　　　　D 不太一致

E 非常不一致

8. 您认为《吉林省安全生产条例》"加强安全生产监督管理，防止和减少生产安全事故，保障人民群众生命和财产安全，促进经济发展"的立法目的是否实现？（　　　）

A 实现　　　　　　　　　　　　B 基本实现

C 没有实现　　　　　　　　　　D 不清楚

9. 您认为《吉林省安全生产条例》对提高人们的安全生产意识作用如何？（　　　）

A 作用很大　　　　　　　　　　B 作用较大

C 作用一般　　　　　　　　　　D 不清楚

10. 您认为《吉林省安全生产条例》实施后的企业、企业负责人和其他从业人员守法程度有何变化？（　　　）

A 大大提高　　　　　　　　　　B 有所提高

C 变化不大　　　　　　　　　　D 不清楚

11. 您认为您所在地区的安全监管部门及其执法人员在进行执法检查时，是否忠于职守、坚持原则、秉公执法？（　　　）

A 是　　　　　　　　　　　　　B 大部分是

C 不是　　　　　　　　　　　　D 不清楚

12. 您认为您所在地区的安全监管部门及其执法人员在进行执法检查时，检查方式是否合理？（　　　）

A 合理　　　　　　　　　　　　B 不够合理

C 不合理　　　　　　　　　　　D 不清楚

13. 您所在单位与职工订立的劳动合同，是否载明有关保障从业人员劳动安全、防止职业危害的事项，以及依法为从业人员办理工伤社会保险的事项？（　　　）

A 是　　　　　　　　　　　　　B 不是

C 不清楚

14. 您所在单位有无与从业人员订立协议，免除或者减轻其对从业人员因生产安全事故伤亡依法应承担的责任？（　　　）

A 有　　　　　　　　　　　　B 没有

C 不清楚

15. 您所在单位的员工宿舍是否与单位生产、经营、储存、使用危险物品的车间在同一座建筑内？有无紧急疏散出口？（　　　）

A 不在，有出口　　　　　　　B 不在，无出口

C 在，有出口　　　　　　　　D 在，无出口

E 不清楚

16. 您单位是否对员工如实告知作业场所和工作岗位存在的危险因素、防范措施及事故应急措施？（　　　）

A 如实告知　　　　　　　　　B 必要时告知

C 没告知　　　　　　　　　　D 不清楚

17.《吉林省安全生产条例》第十九条规定："生产经营单位有关人员不得违章指挥、强令或者放任从业人员冒险作业，从业人员对违章指挥或者强令冒险作业的有权拒绝，并有权向有关部门检举、控告。"该规定贵单位能否做到？（　　　）

A 能够　　　　　　　　　　　B 不能够

C 不清楚

18. 在作业过程中，当发生直接危及人身安全的紧急情况时，您是如何处理的？（　　　）

A 停止作业或者在采取可能的应急措施后撤离作业场所

B 继续作业

C 等待有关负责人员指示

D 不清楚

19. 您认为在以后的条例修订中增加规定"因生产安全事故受到

损害的从业人员，除依法享有工伤社会保险外，依照有关民事法律尚有获得赔偿的权利的，有权向本单位提出赔偿要求。"将在实际操作中对维护职工权益作用如何？（　　　）

A 作用很大　　　　　　　　　B 作用较大

C 作用一般　　　　　　　　　D 不清楚

20.《吉林省安全生产条例》第十八条规定，生产经营单位必须按规定为从业人员无偿发放符合国家标准或者行业标准的劳动防护用品，并监督、教育从业人员按照使用规则佩戴、使用。不得以现金或者其他物品替代劳动防护用品的提供。您认为该规定在本单位是否实现？（　　　）

A 实现　　　　　　　　　　　B 基本实现

C 没有实现　　　　　　　　　D 不清楚

21.《吉林省安全生产条例》第十六条规定："生产经营单位应当制定安全生产教育培训计划，对从业人员进行安全生产教育培训，并将教育培训情况记录按规定期限保存。生产经营单位应当对调换工种或者采用新工艺、新技术、新材料以及使用新设备的从业人员进行专门的安全生产教育培训。未经安全生产教育培训合格的从业人员不得上岗作业。"您单位组织过这类培训吗？（　　　）

A 定期组织　　　　　　　　　B 偶尔组织

C 没组织　　　　　　　　　　D 不清楚

22. 在《吉林省安全生产条例》修订征求意见中，有单位建议矿山、冶金、建筑施工单位和危险物品的生产、经营、储存单位负责人应当轮流现场带班。您认为该建议是否必要？（　　　）

A 必要　　　　　　　　　　　B 不必要

C 不清楚

23. 您认为您单位工会在参加安全生产管理监督，维护职工安全权益方面作用如何？（　　　）

A 作用很大　　　　　　　　B 作用较大

C 作用一般　　　　　　　　D 不清楚

24. 您认为创建生产安全事故应急救援制度对于防止事故扩大、减少人员伤亡和财产损失有多大作用？（　　　　　）

A 非常大　　　　　　　　　B 比较大

C 一般　　　　　　　　　　D 不太大

E 没有作用

25. 您对《吉林省安全生产条例》下一步的修订完善有何意见建议？

请回答：

_____

调查问卷（四）

问卷编号：（　　　）（001—999）

《吉林省安全生产条例》立法后评估调查问卷（四）

（适用于社会公众）

调查说明：

您好，我们正在做一个《吉林省安全生产条例》立法后评估问卷调查，希望了解您对《吉林省安全生产条例》本身及其实施情况的看法和认识，希望您能花些时间认真填写调查问卷。您的意见对我们非常重要，您的所有资料我们只会用作统计分析用途，所涉及的内容我们会进行保密。谢谢您的合作！

选择题请直接在题后的（　　）中填写答案序号，需要进行说明和阐述的请在题后的空白处填写。

非常感谢您的参与！

答卷人基本信息：

1. 性别：☐男　　　　　　　☐女

2. 年龄：☐ 18–30 岁　　　　☐ 31–50 岁

　　　　☐ 51–60 岁　　　　☐ 61 岁及以上

3. 职业：☐机关事业单位工作人员

　　　　☐国有企业工作人员

　　　　☐私营、外资、个体企业工作人员

　　　　☐自由职业或无业

4. 学历：☐初中以下　　　　☐高中

　　　　☐中专或大专　　　☐大本

　　　　☐大本以上

5. 所在地区：＿＿＿市（州、盟）＿＿＿县（区、旗）

填表日期：2016 年＿＿月＿＿日

1. 您知道《吉林省安全生产条例》吗？（　　　　）

A 学习过　　　　　　　　B 看过

C 听说过　　　　　　　　D 不知道

2. 请问您对《吉林省安全生产条例》的了解程度如何？（　　　　）

A 知道　　　　　　　　　B 知道一些

C 了解　　　　　　　　　D 不知道

3. 请问您是从何种渠道知道《吉林省安全生产条例》的？（可多选）（　　　　）

A 报纸杂志　　　　　　　B 广播电视

C 网络

D 安全监管部门宣传　　E 政府法制部门等其他有关部门宣传

F 其他（请注明：　　　　　　　　　　　　　　）

4. 据您了解，《吉林省安全生产条例》在制定的过程中，公众的参与度如何？（　　　）

  A 非常高   B 比较高

  C 一般   D 比较低

  E 非常低

5. 您对《吉林省安全生产条例》宣传力度做何种评价？（　　　）

  A 力度非常大   B 力度比较大

  C 一般   D 比较弱

  E 非常弱

6. 从整体来看，您认为《吉林省安全生产条例》与吉林省经济社会发展状况的匹配程度如何？（　　　）

  A 非常一致   B 比较一致

  C 一般   D 不太一致

  E 非常不一致

7. 您所在地区相关部门是否组织开展过安全生产宣传教育和有关生产安全事故的救援演习？（　　　）

  A 组织过   B 没有组织过   C 没有印象

8. 《吉林省安全生产条例》实施后，您所在地区的安全生产状况有何变化？（　　　）

  A 明显好转   B 有所好转

  C 没有好转   D 没有变化

9. 您认为《吉林省安全生产条例》"加强安全生产监督管理，防止和减少生产安全事故，保障人民群众生命和财产安全，促进经济发展"的立法目的是否实现？（　　　）

  A 实现   B 基本实现

  C 没有实现   D 不清楚

10. 您认为《吉林省安全生产条例》对提高人们的安全生产意识

作用如何？（　　）

　　A 作用很大　　　　　　　　　B 作用较大

　　C 作用一般　　　　　　　　　D 不清楚

　　11. 您认为《吉林省安全生产条例》实施后的企业、企业负责人和其他从业人员守法程度有何变化？（　　）

　　A 大大提高　　　　　　　　　B 有所提高

　　C 变化不大　　　　　　　　　D 不清楚

　　12. 您认为《吉林省安全生产条例》实施后的从业人员生命健康权益保障程度有何变化？（　　）

　　A 大大提高　　　　　　　　　B 有所提高

　　C 变化不大　　　　　　　　　D 不清楚

　　13. 您认为您所在地区的安全生产监督检查人员是否忠于职守，坚持原则，秉公执法？（　　）

　　A 是　　　　　　　　　　　　B 大部分是

　　C 不是　　　　　　　　　　　D 不清楚

　　14. 您对当地安全监管部门的执法工作情况是否满意？（　　）

　　A 非常满意　　　　　　　　　B 满意

　　C 不满意　　　　　　　　　　D 不清楚

　　15. 您认为您所在地区的安全监管部门及其执法人员在进行执法检查时，检查方式是否合理？（　　）

　　A 合理　　　　　　　　　　　B 不够合理

　　C 不合理　　　　　　　　　　D 不清楚

　　16. 当您发现事故隐患或者安全生产违法行为时，你是如何处理的？（　　）

　　A 向有关部门报告或者举报　　　B 不做处理　　C 不清楚

　　17. 您对电影院、休闲娱乐场所、宾馆、商场等场所的安全出口或疏散通道的通行情况的评价是（　　）

A 非常畅通   B 比较畅通

C 不畅通   D 不清楚

18.《吉林省安全生产条例》第十二条规定："县级以上人民政府及其有关部门应当对在改善安全生产条件、防止生产安全事故、参加抢险救护、举报安全生产违法行为等方面做出显著成绩或者有功的单位和个人，给予奖励。"您认为该规定在本地区实施效果如何？（　　　）

A 很好   B 较好

C 不理想   D 不清楚

19.《吉林省安全生产条例》第十一条规定："广播、电视、报刊、网络等单位应当认真履行安全生产宣传教育的义务，加强对安全生产的宣传和舆论监督。"您认为该规定在本地区实施效果如何？（　　　）

A 很好   B 较好

C 不理想   D 不清楚

20. 您认为创建生产安全事故应急救援制度对于防止事故扩大、减少人员伤亡和财产损失有多大作用？（　　　）

A 非常大   B 比较大

C 一般   D 不太大

E 没有作用

21. 您对《吉林省安全生产条例》下一步的修订完善和进一步改进安全监管执法有何意见建议？

请回答：

_____

附 4：实施效果访谈提纲

访谈提纲（一）

《吉林省安全生产条例》立法后评估访谈提纲（一）
（适用于吉林省各级安全监管部门、煤矿安全监察机构执法人员）

1. 您认为《吉林省安全生产条例》"加强安全生产监督管理，防止和减少生产安全事故，保障人民群众生命和财产安全，促进经济发展"的立法目的是否实现？

2. 您单位是否向有关部门、生产经营单位、从业人员和其他有关方面宣传、告知《吉林省安全生产条例》？如有宣传，宣传是否充分，宣传方式是否适当？

3. 您认为所管辖区域内的生产经营单位负责人、从业人员是否了解和掌握《吉林省安全生产条例》的规定？

4. 请您对贵地区实施《吉林省安全生产条例》后事故总量、重特大事故总量的变化情况做一判断？

5. 您认为《吉林省安全生产条例》对提高人们的安全生产意识是否作用很大？

6. 据您了解，《吉林省安全生产条例》在制定的过程中，公众的参与度如何？

7. 您认为《吉林省安全生产条例》对县级以上各级人民政府安全生产职责的规定是否明确、合理？

8. 您认为《吉林省安全生产条例》对安全生产综合监管与专项监管的职责划分规定如何？

9. 在《吉林省安全生产条例》修订征求意见中，有单位建议在总则第九条中增加规定"县级以上人民政府安全生产监督管理部门对有关部门和下级人民政府安全生产工作实行监督检查、指导协调。"您认为该建议是否科学、合理？

10. 在《吉林省安全生产条例》修订征求意见中，有单位建议完善生产经营单位主要负责人的职责，增加"每月组织召开一次安全生产风险分析会议，分析、布置、督促、检查本单位防范生产安全事故的工作，发现问题，组织落实防范和应急处置措施，同时应将会议情况上报当地安全生产监督管理部门备案。"和"定期向本单位职工代表大会通报安全生产工作情况"等规定，您认为该建议是否合理？

11. 您认为在《吉林省安全生产条例》修订中，是否有必要对劳务派遣人员的教育培训做出专门规定？

12. 在《吉林省安全生产条例》修订征求意见中，有单位建议矿山、冶金、建筑施工单位和危险物品的生产、经营、储存单位负责人应当轮流现场带班。您认为该建议是否必要？

13. 您认为，生产经营单位事故隐患排查、治理、报告制度和安全生产动态监控、预警预报体系是否有必要规定在《吉林省安全生产条例》修订稿中？

14. 在《吉林省安全生产条例》修订征求意见中，有单位建议"矿山、冶金、城市轨道交通、建筑施工单位和用于生产、储存危险物品的单位应当参加安全生产责任保险。"您认为该建议是否科学、合理？

15. 针对各级政府安全监管职责，有单位建议在修订《吉林省安全生产条例》时，增加规定国务院和县级以上地方各级人民政府应当建立安全生产分工负责制度，增加乡镇人民政府和街道办事处根据本地区安全生产工作的需要，设立负责安全生产工作的机构，配备人员和必要的装备。您认为该建议是否科学、合理？

16. 有单位建议在修订《吉林省安全生产条例》时，增加规定"县级以上地方各级人民政府安全生产监督管理部门或者有关部门应当建立重大事故隐患治理督办制度，督促生产经营单位隐患治理措施的落实。"您认为该建议是否必要？

17. 在《吉林省安全生产条例》修订征求意见中，有单位建议"对于生产经营单位拒绝执行停产停业、停止建设、停产停业整顿等行政处罚决定的，为防止发生生产安全事故，负有安全生产监督管理职责的部门可以通知有关部门或者单位采取断电、停供火工用品等临时措施，有关部门或者单位应当予以配合。"您认为该建议是否必要？

18. 您认为《吉林省安全生产条例》的配套立法、配套标准、规程和配套制度（包括行政法规、部门规章、地方性法规和地方政府规章、安全生产国家标准和行业标准以及安全规程等）是否完备？

19. 结合您的实际工作，您认为《吉林省安全生产条例》在制度设计和实施中存在最突出的问题是什么？应当健全完善、补充增加哪些原则、制度？

20. 结合您的实际工作，您认为《吉林省安全生产条例》修订中应当如何细化和规定安全生产综合监管职责？

21. 结合您的实际工作，您认为《吉林省安全生产条例》修订中有无必要增加安全产业、安全生产诚信体系建设内容？如有必要，应当明确哪些内容？

22. 您认为如果有效地加强开发区、工业园区、工业集中区、高新技术产业区的安全监管责任？是否可委托具备法律规定条件的乡镇人民政府和街道办事处对安全生产违法行为实施行政处罚？

访谈提纲（二）

《吉林省安全生产条例》立法后评估访谈提纲（二）
（适用于企业主要负责人、分管负责人、其他主管人员、
安全生产管理人员）

1. 您认为《吉林省安全生产条例》"加强安全生产监督管理，防止和减少生产安全事故，保障人民群众生命和财产安全，促进经济发展"的立法目的是否实现？

2. 您单位是否向从业人员宣传、告知《吉林省安全生产条例》？如有宣传，宣传是否充分，宣传方式是否适当？

3. 您认为您单位的负责人、主管人员和其他从业人员是否了解和掌握《吉林省安全生产条例》的规定？

4. 请您对您单位实施《吉林省安全生产条例》后的安全生产情况进行评价？

5. 您认为《吉林省安全生产条例》对提高您单位职工的安全生产意识是否作用很大？

6. 您认为您所在地区负有安全监管职责的部门对您单位开展安全生产的教育、培训和指导是否到位？

7. 您认为《吉林省安全生产条例》对负有安全监管职责的部门及其执法人员规定的权力是否过大？

8. 您认为您所在地区负有安全监管职责的部门及其执法人员在进行执法检查时，是否忠于职守、坚持原则、秉公执法？

9. 您认为地方各级负有安全监管职责的部门有没有对您单位重复执法、重复检查、重复处罚过？

10. 您认为生产经营单位的分管安全负责人，应否具备与本单位所从事的生产经营活动相应的安全生产知识和管理能力？

11. 目前很多生产经营单位采取劳务派遣形式用工。您认为对劳务派遣人员的安全生产教育和培训，应由哪个单位负责？

12. 在有较大危险因素的生产经营场所和有关设施、设备上，生产经营单位除设置警示标志外，您认为有无必要同时设置警示说明？

13. 在《吉林省安全生产条例》修订征求意见中，有单位建议矿山、冶金、建筑施工单位和危险物品的生产、经营、储存单位负责人应当轮流现场带班。您认为该建议是否必要？

14. 您认为，生产经营单位事故隐患排查、治理、报告制度和安全生产动态监控、预警预报体系是否有必要规定在《吉林省安全生产条例》修订稿中？

15.《吉林省安全生产条例》第二十条规定："生产经营单位必须依法参加工伤社会保险，为从业人员缴纳保险费。"有单位建议增加"矿山、冶金、城市轨道交通、建筑施工单位和用于生产、储存危险物品的单位应当参加安全生产责任保险"。您认为该建议是否必要？

16. 您认为您单位所在地的乡镇人民政府（街道办事处），有无必要设立负责安全生产工作的机构，配备人员和必要的装备？

17. 您认为《吉林省安全生产条例》中法律责任的规定是否合理？

18. 结合您的实际工作，您认为《吉林省安全生产条例》在制度设计和实施中存在最突出的问题是什么？

19. 结合您的实际工作，您认为《吉林省安全生产条例》在修订中应当健全完善哪些原则、制度，补充增加哪些新原则、新制度？

20. 您认为是否有必要明确安全生产管理机构以及安全生产管理人员的职责？如有必要，您认为其应当履行哪些方面的职责？

访谈提纲（三）

《吉林省安全生产条例》立法后评估访谈提纲（三）
（适用于企业一线职工）

1. 您知道《吉林省安全生产条例》吗？

2. 请问您对《吉林省安全生产条例》的了解程度如何？

3. 请问您是从何种渠道知道《吉林省安全生产条例》的？

4. 您所在企业是否向您宣传过《吉林省安全生产条例》？

5. 《吉林省安全生产条例》实施后，您所在企业的安全生产状况有何变化？

6. 您认为《吉林省安全生产条例》"加强安全生产监督管理，防止和减少生产安全事故，保障人民群众生命和财产安全，促进经济发展"的立法目的是否实现？

7. 您认为《吉林省安全生产条例》对提高人们的安全生产意识作用如何？

8. 您认为《吉林省安全生产条例》实施后的企业、企业负责人和其他从业人员守法程度有何变化？

9. 您认为您所在地区的安全监管部门及其执法人员在进行执法检查时，是否忠于职守、坚持原则、秉公执法？

10. 您认为您所在地区的安全监管部门及其执法人员在进行执法检查时，检查方式是否合理？

11. 您所在单位与职工订立的劳动合同，是否载明有关保障从业人员劳动安全、防止职业危害的事项，以及依法为从业人员办理工伤社会保险的事项？

12. 您所在单位有无与从业人员订立协议，免除或者减轻其对从业人员因生产安全事故伤亡依法应承担的责任？

13. 您所在单位的员工宿舍是否与单位生产、经营、储存、使用危险物品的车间在同一座建筑内？有无紧急疏散出口？

14. 您单位是否对员工如实告知作业场所和工作岗位存在的危险因素、防范措施及事故应急措施？

15. 在作业过程中，当发生直接危及人身安全的紧急情况时，您是如何处理的？

16.《吉林省安全生产条例》第十八条规定，生产经营单位必须按规定为从业人员无偿发放符合国家标准或者行业标准的劳动防护用品，并监督、教育从业人员按照使用规则佩戴、使用。不得以现金或者其他物品替代劳动防护用品的提供。您认为该规定在本单位是否实现？

17.《吉林省安全生产条例》第十六条规定："生产经营单位应当制定安全生产教育培训计划，对从业人员进行安全生产教育培训，并将教育培训情况记录按规定期限保存。生产经营单位应当对调换工种或者采用新工艺、新技术、新材料以及使用新设备的从业人员进行专门的安全生产教育培训。未经安全生产教育培训合格的从业人员不得上岗作业。"您单位组织过这类培训么？

18. 在《吉林省安全生产条例》修订征求意见中，有单位建议矿山、冶金、建筑施工单位和危险物品的生产、经营、储存单位负责人应当轮流现场带班。您认为该建议是否必要？

19. 您认为您单位工会在参加安全生产管理监督，维护职工安全权益方面作用如何？

20. 您对《吉林省安全生产条例》下一步的修订完善有何意见建议？

访谈提纲（四）

《吉林省安全生产条例》立法后评估访谈提纲（四）
（适用于社会公众）

1. 您知道《吉林省安全生产条例》吗？

2. 请问您对《吉林省安全生产条例》的了解程度如何？

3. 请问您是从何种渠道知道《吉林省安全生产条例》的？

4. 《吉林省安全生产条例》实施后，您所在地区的安全生产状况有何变化？

5. 您认为《吉林省安全生产条例》"加强安全生产监督管理，防止和减少生产安全事故，保障人民群众生命和财产安全，促进经济发展"的立法目的是否实现？

6. 您认为《吉林省安全生产条例》对提高人们的安全生产意识作用如何？

7. 您认为《吉林省安全生产条例》实施后的企业、企业负责人和其他从业人员守法程度有何变化？

8. 您认为《吉林省安全生产条例》实施后的从业人员生命健康权益保障程度有何变化？

9. 您认为您所在地区的安全生产监督检查人员是否忠于职守，坚持原则，秉公执法？

10. 您对当地安全监管部门的执法工作情况是否满意？

11. 您认为您所在地区的安全监管部门及其执法人员在进行执法检查时，检查方式是否合理？

12. 当您发现事故隐患或者安全生产违法行为时，你是如何处理的？

13.《吉林省安全生产条例》第十一条规定："广播、电视、报刊、网络等单位应当认真履行安全生产宣传教育的义务，加强对安全生产的宣传和舆论监督。"您认为该规定在本地区实施效果如何？

14. 您对《吉林省安全生产条例》下一步的修订完善和进一步改进安全监管执法有何意见建议？

访谈提纲（五）

《吉林省安全生产条例》立法后评估访谈提纲（五）

（适用于相关专家）

1. 您认为《吉林省安全生产条例》对促进安全监管部门及其执法人员依法行政、提高执法效率是否起到了积极作用？

2. 您认为总体来看，《吉林省安全生产条例》规定的安全生产监督管理体制是否科学、合理？

3.《吉林省安全生产条例》对有关部门协助、配合安全监管执法以及生产经营单位有关人员积极配合安全监管执法的规定是否全面、合理？

4. 您认为《吉林省安全生产条例》对各级人民政府的安全生产职责设置是否合理？

5. 您认为《吉林省安全生产条例》对安全生产监督管理部门的职责设置是否合理？

6. 您认为《吉林省安全生产条例》对综合监管与专项监管职责界定和划分是否明确、合理？

7.《吉林省安全生产条例》规定的企业安全生产管理重点内容是否全面、合理？

8. 您认为《吉林省安全生产条例》规定的从业人员权利义务内容是否全面、合理？

9. 您认为《吉林省安全生产条例》在立法技术上是否完备（即《吉林省安全生产条例》规定中的相关概念界定是否明确，逻辑结构是否严密，条文表述是否简洁，立法用语是否准确等）？

10. 您认为《吉林省安全生产条例》的配套立法、配套标准、规程和配套制度（包括行政法规、部门规章、地方性法规和地方政府规章、安全生产国家标准和行业标准以及安全规程等）是否完备？

11. 您认为《吉林省安全生产条例》在修订中应当健全完善哪些原则、制度，补充增加哪些新原则、新制度？

12. 您认为如果有效地加强开发区、工业园区、工业集中区、高新技术产业区的安全监管责任？是否可委托具备法律规定条件的乡镇人民政府和街道办事处对安全生产违法行为实施行政处罚？